WIZARD

WIZARD BOOK SERIES Vol.69

Yes, You Can Time the Market!

あなたもマーケットタイミングは読める！

リスク回避型の
保守的長期投資家のためのバイブル

Ben Stein　Phil DeMuth
ベン・スタイン＋フィル・デムース［著］　木村規子［訳］

Pan Rolling

訳者まえがき

『Yes, You Can Time the Market!』——エッ！と驚くようなタイトルである。一般にはマーケットタイミング戦略は役に立たないどころか、かえってマイナスであるかのように言われることが多い。実際、本書でも、この戦略が短期的には機能しないことを認めている。また、非システマティックリスクがあることから、個別銘柄で売買タイミングを計ることは勧めていない。よって、インデックス運用（あるいはインデックスファンドやETF）において長期的な視点でマーケットタイミングを計るのが本書の狙いである。つまり、大方の予想に反し、本書は短期売買用の本ではない。長期投資用の本、それもベンジャミン・グレアムとウォーレン・バフェットの流れをくむバリュー投資系の本で、リスク回避型の保守的な投資家を読者対象としている。具体的にはPER（株価収益率）などのバリュー指標と移動平均線を並行して使うことによって、マーケットが割安のときに買いに入り、割高のときは買いを見送るか、売却する手法をとる。過去100年間の市場データを検証したまじめな本だが、著者のウイットに富んだ語り口のおかげで飽きずに読めると思う。

最近、バフェットの影響か、株式の長期投資あるいはバイ・アンド・ホールド戦略が盛んに推奨されているが、バフェットとて黙ってただ保有しているわけではない。バブルがはじける前にしっかりと大型株を外して債券に入れ替えている。本書では「株というものはいつ買っても長期で持てば必ず値上がりするもの」という考え方に基づく盲目的なバイ・アンド・ホールド戦略を戒めている。「失

われた10年」を経験した日本では身に染みて感じている方も多いと思うが、売買タイミングと同時に買値がいかに大切かということをここでもう一度肝に銘じていただければ幸いである。手法は基本的に逆張り戦略に近いため、売られているときに買い、買われているときは静観するか、売却することになる。頭では分かっていても、そのとおりに実行するのは難しいが、直感に頼るのではなく、機械的に規律に従って投資していくことで、ダウンサイドリスクを軽減することができるだろう。ただし、ここで取り上げられているのは主として20年リターンと15年移動平均線である。短期売買が主流の日本では気の遠くなるような長さだが、年金運用などで応用できればと思う。また、きちんとフォローできるのであれば、個別銘柄や銘柄スクリーニングにも応用可能だし、日本株をやるにしても、アメリカ株の動向をフォローしておく必要があるため、そういう意味でも利用価値はあるだろう。

　最後に、本書の翻訳の機会を与えてくださった後藤康徳氏（パンローリング）、編集および校正をしていただいた阿部達郎氏（FGI）、そして本書刊行に当たり、いろいろな形でご協力いただいた田上病院の皆様をはじめ、新田和子氏、大和奈津子氏にこの場を借りてお礼申し上げたい。

2004年2月

木村規子

アレックスとジュリアへ

CONTENTS

訳者まえがき　　　　　　　　　　　　　　　1
まえがき　　　　　　　　　　　　　　　　　7
著者紹介　　　　　　　　　　　　　　　　　9

第1章　マーケットタイミングを読むのは不可能？　11

第2章　株価のパワー　21
相場だけを基準とした一括投資　　　　　　36
相場だけを基準としたドルコスト平均法　　37
　1977〜2001年　　　　　　　　　　　　　40

第3章　株価収益率（PER）　43
PERを基準とした一括投資　　　　　　　　53
ドルコスト平均法　　　　　　　　　　　　58
　1977〜2001年　　　　　　　　　　　　　60

第4章　配当利回りとマーケットタイミング　67
配当利回りを基準とした一括投資　　　　　78
ドルコスト平均法　　　　　　　　　　　　79
　1977〜2001年　　　　　　　　　　　　　80

第5章　基本的価値　85
基本的価値を基準とした一括投資　　　　　93

基本的価値を基準としたドルコスト平均法	97
1977～2001年	97

第6章　債券、株価キャッシュフロー倍率、株価売上高倍率　103

1977～2001年	108
株価キャッシュフロー倍率（PCFR）	110
株価売上高倍率（PSR）	114

第7章　指標を組み合わせて、より高いリターンを狙う　119

一括投資	122
複数の指標を組み合わせる	127
年ごとに観察する	130
1902～1913年	131
1914～1922年	132
1923～1929年	133
1930～1939年	133
1940～1945年	135
1946～1953年	136
1954～1972年	137
1973～1985年	138
1986～1995年	138
1996～2001年	139
どのくらい割高なのか割安なのか	140
1977～2001年	145

CONTENTS

マーケットタイミングとリスクに関するテクニカル的な注意　149

第8章　マーケットタイミングを狙う　155

１．安く買う　158
２．高く売る　158
３．分散、分散、分散　159
　キャッシュ　159
　不動産　160
　債券　162
　株式　165
　アセットアロケーション　171
　ポートフォリオのリバランス　173
　タイミングコスト　177
４．注意深く前進せよ　185

第9章　今後の注意　191

付録　205
　データソース　205
　データ分析　206

参考文献　209

まえがき

　本書のアイデアが生まれたのは1997年から2000年にかけてのこと。ビバリーヒルズのレストラン、ピアッツァ・ロデオで昼食をとっているときやサンタモニカでサイクリングをしているときの何気ない会話がきっかけとなった。ベン・スタインは「株式市場は高騰しすぎだ」と主張。それに対してフィル・デムースは「たしかに高いように〝見える〟かもしれないが、実際にはそれほどではない」と反論。だれもが知っているとおり、「マーケットタイミングを読むことは不可能……」と言われるが、強気相場が永久に続くように思われたバブル期にはそもそもマーケットタイミングを計る必要などなかった。なにしろ、海王星を目指して上がり続ける株やミューチュアルファンド（投資信託）を買って、みんなといっしょに市場に参加していれば、それでよかったからだ。しかし、その後まもなくマーケットは断崖絶壁から落下する鉄の塊のごとく急落し始め、前述の会話の行く末を追求する必要性が出てきたのである。市場以外ではモノの値段はきわめて無情に決められてしまうが、市場ではとんでもない値が付いたりする。人はどうしてこんなことを受け入れるようになってしまったのだろうか。

　これこそ検討すべき課題である。マーケットタイミングの分野はいつの間にか目先を占う変人たちの領域になってしまい、いくら努力しても、うさんくさいという評判をたてられるようになってしまった。その典型的な投資戦略は、詳しく分析すれば、安っぽいスーツのようにすぐにほころびが見られ、金融の専門家たちの非難の的となり、もろくも崩れ去るのが落ちだった。

しかし長期的な視点でデータを分析してみたところ、ファンダメンタルズに基づく市場評価尺度を用いることで、買われ過ぎか売られ過ぎかを明確に判定できることが分かった。つまり、やるべきことはただひとつ。チャートや移動平均線などのテクニカル分析用のツールと並行して配当利回りやPER（株価収益率）などのファンダメンタル分析用の測定基準を使えばいいのである。金融業界にはMBA（経営学修士）修得者や有能な人材がいくらでもいるのに、これほど分かり切ったことに気づく者がだれもいなかったとはいささか驚きである。その理由はおそらく、こうしたやり方では何年か先のことは分かっても、明日や1カ月先の市場の動きが読めないからかもしれない。つまり、目先的なセールス用のツールとしては使えないからだ。

　長期派の投資家から見て、相場が高いとか安いとか言えるのなら、株の売り買いにも良い時期と悪い時期があるということになる。それらの時期を見極めるのに本書がお役に立てれば幸いである。ここに膨大な量のデータをまとめてみたが、たとえエラーが出ても、ランエンドヒットでいくつか得点を上げられることを願っている。そのうえ、投資家の皆さんに対してマーケットタイミングの有効性を論ずる道を開くことができれば、これほどうれしいことはない。

　　ベン・スタイン
　　フィル・デムース

著者紹介

ベン・スタイン（Ben Stein）

　多彩な経歴を持つ著名人。世界的に有名なエコノミスト兼政策アドバイザー、ハーバート・スタインの息子。1966年、コロンビア大学で優秀な成績を収め、経済学の学士号を修得後、エコノミストとして米商務省に勤務。1967年にはイェール大学ロースクールに入学。1970年にはクラスの卒業生総代を務めた。イェール大学在学中はヘンリー・ウォリックおよびジェームズ・トービンといった名教授のもとでコーポレートファイナンスを学ぶ。ベン・スタインといえば、コメディー映画『フェリスはある朝突然に』やロングランのクイズ番組『ウィン・ベン・スタインズ・マネー』など、映画やテレビではもうおなじみの顔だが、最も活躍しているのはパーソナルファイナンスおよびコーポレートファイナンスの分野で、何十年にもわたりバロンズ誌やウォール・ストリート・ジャーナル紙に金融記事を書いている。1980年代にはジャンクボンド詐欺の撲滅に中心となって尽力し、企業幹部の私的金融取引についても、かなり以前から批判し続けている。著書にパーソナルファイナンスに関する自己啓発本が2冊あり、金融関係の講演のため、全国を飛び回る日々を送っている。
http://www.benstein.com/

フィル・デムース（Phil DeMuth）

　1972年、カリフォルニア大学サンタバーバラ校卒業時にはクラスの卒業生総代を務めた。コミュニケーション論で修士号、臨床心理

学で博士号を修得。株式市場に昔から興味を持つ心理学者。ヒューマン・ビヘイビア、サイコロジー・トゥデーなどの心理学の専門誌のほか、ウォール・ストリート・ジャーナル紙、バロンズ誌にも寄稿しているが、ストリート・ドット・コム (http://www.thestreet.com/) やフォーチュン誌にも意見が掲載されたことがある。カリフォルニア州ロサンゼルスのコンサーバティブ・ウエルス・マネジメント社の社長。登録投資アドバイザー。
http://www.phildemuth.com/

第1章
マーケットタイミングを読むのは不可能？
The Impossibility of Market Timing

　「マーケットタイミングを読むのは不可能だ」——これは、ノーベル賞を受賞するようなエコノミストから、ちまたの証券マンに至るまで、まじめな株式投資家たちの基本理念のなかでも特によく耳にする言葉だ。周知のデータではマーケットがいつ上がるのか下がるのか、あらかじめ予測することはできない。建前上、これが基本とされているのである。
　そこで、そうした声にちょっと耳を傾けてみよう。
● イェール大学で多額の寄付金を管理している最高投資責任者デイビッド・スエンセンはえらく簡潔にこうまとめている。
　「まじめな投資家ならマーケットタイミングなど狙わない」
● スエンセンの親友でコメンテーターとしてもおなじみの投資マネジャー、チャールズ・エリスいわく——
　「どんな大手の機関投資家でも、安値をうまく拾って、高値で売り抜けるような一貫した能力などない」
● 株式投資の人気コメンテーターのひとり、ウィリアム・J・バーンスタインはその著書『投資「4つの黄金則」』（ソフトバンクパブリッシング刊）のなかでこう述べている。

「投資情報サービスや保険会社がタイミングを計って株を購入した結果は……これまでもずっと散々だったし、今もそうである。……マーケットタイミングを説くニューズレターのパフォーマンスは……さらにひどい……」

● ノーベル賞を受賞したウィリアム・F・シャープはその論文『ライクリー・ゲインズ・フロム・マーケットタイミング（Likely Gains from Market Timing）』のなかで次のように語っている。
「……運用責任者にとっては……マーケットタイミングを狙うことなど完全にやめてしまったほうがおそらく賢明だろう」

● 先見の明あるラリー・E・スウェドローは自書『ウォール街があなたに知られたくないこと』（ソフトバンクパブリッシング刊）において、マーケットタイミングを狙うリスクは「膨大だ」と記している。スウェドローは同様の趣旨で1997年5月12日付のフォーチュン誌の記事を次のように引用している。
「マーケットの先行きはだれにも分からない。……これは紛れもない真実だ」（と言いながらも、スウェドローが指摘しているように、フォーチュン誌はマーケットの先行きが分かるかのようなふりをするのをやめたわけではない）。

● 最も賢明かつ有能な投資の第一人者で、長年バンガード社のファンドファミリーを率いてきたジョン・ボーグルもきっぱりとこう言い切っている。
「私に言わせれば、マーケットタイミングなど計っていると、投資プランに付加価値が加わるどころか、マイナス効果さえ招きかねない」

本当だろうか。

どうしてそんなことが言えるのだろう。

「マーケットタイミング」というのは、その時点で入手できる指標を見れば、買い場や売り場が分かる、そんな絶好のタイミングがあるという概念である。つまり、あるデータを見て、マーケットは買われ過ぎか売られ過ぎか、これから上がりそうか下がりそうかといったことが判断できる、あるいは手に取るように分かるという考え方である。

逆にマーケットタイミングなどあるはずがないし、あり得ないというのは、ある意味で矛盾している。結局のところ、時々刻々とマーケットを動かしているのは、売りか買いか、あるいは売りと買いを"同時に"入れるか、といった投資判断を下している膨大な数の買い手や売り手なのである。必ずと言うには程遠いが、たいていの場合、買うのは個別銘柄とはいえ、秒単位でインデックス買いやバスケット取引が入ることも多く、それらをまとめると、日々の出来高は数十億株にも上るのである。

大勢の投資家や投機家が四六時中、投資機会を狙っている。これが普通の日常である。いつ何を売買するか、日々決定を下しているのは明らかであるが、これこそがまさにマーケットタイミングを計るということなのだ。

企業収益が悪化するらしいといううわさで売られたり、FRB（米連邦準備制度理事会）が利下げをするらしいといううわさで買われたりするたびに、トレーダーは絶好の買い場や売り場を求めてマーケットタイミングを計っている。したがって、マーケットタイミングは何の役にも立たない戦略だとか、賢明な人ならそんなことはしない、などと言うのは、ある意味まったく理にかなわないことなのだ——もっとも、投資家の圧倒的多数は賢くない、というのな

ら話は別だが、もしそのとおりだとすれば、どんなときでもトレードをするような人間には賢明な人や達人はいないとまで言わなければならなくなるが、これは言いすぎというものだろう。

では、抜け目のないヘッジファンドマネジャーたちの場合はどうだろう。彼らはたいてい買いを入れることによって、そして一部の人間しかしない空売りを仕掛けることによって儲けているが、頻繁に売買を繰り返しているのが普通だ。ホームトレーディングをしている小口の個人投資家と比べると、目がくらむほど、その回転率は高い。インデックスやETF（株価指数連動型上場投資信託）を買ったり空売りしたりするときは必ずマーケットの動きを見てタイミングを計っている。それが超目先的な売買であっても、例外ではない。が、これもまたマーケットタイミングを計るということに変わりはない。さて、こうした人たちはみな愚か者だろうか。愚か者にしてはかなりの儲けを生み出す者もいるのだが。

もうひとつ、ジブラルタル海峡ほどもある大きな障害がアンチ・マーケットタイマーの行く手を阻んでいる。仮にマーケットタイミングを計ることが無益でとても愚かなことであるとしたら、価格の基本概念はどうなるのか。価格には普通、価値があるのに、どうして株価となると、価値がないなどと言えるだろうか。

これは核心に迫るきわめて重要な問題である。この問題から当プロジェクトが始まったと言っても過言ではない。不動産、石油先物、債券、自動車、シャツのどれをとってみても、価格にはそれなりに意味があるものだ。それなら株価にも意味があるはずではないか。賃貸料収入の割にアパート価格が「高い」と言えるなら、株価についても1株当たりの配当金や利益や純資産、その他の測定基準──例えば、通常の株価と比較して「高い」とか「安い」とか言えない

はずはない。もし天然ガスの価格が石油や石炭よりも相対的に高いとか安いとか言えるなら、株価についても１株利益や配当金あるいは他の投資対象と比べて、割高・割安と言えるのではないか。市場では価格が主役だが、この基本原則は株には当てはまらないのだろうか。

　建前上、株価を見れば、そのときそのときの市場動向が何よりも分かるとされている。というのも、株価には特定の時期におけるその銘柄の見通しに関するあらゆるデータが織り込まれているからだ。とはいえ、知ってのとおり、株価とは瞬時に移り行くもの——ハチドリのようにその宇宙のなかで絶えずポジションを巧みに変えていくものである。では、長期的に見た場合も、株価は１株利益や１株純資産あるいはその銘柄や相場全体の過去の値動きといったある種の引力に引きずられることなどないと言えるだろうか。株価は地球上の何ともつながりがなく、完全に成り行き任せで人為的に形成されるものでしかない、などと果たして言えるのか。もしそうだとしたら、株価はいったい何のために存在するのだろう。

　とはいえ、価格というものが労力を含む地球上の他のあらゆるものと同様に株式との関係においても重要な意味を持つのだとしたら、どうして株価にかぎって、みな等価値だと言えるだろうか。少なくとも長期的に見て、将来的な値動きが分かるようなデータはないのだろうか。例えば、賃貸料収入の何倍もするような異常に割高な賃貸アパートはまず値下がりする、少なくとも安かった時期に比べれば、大幅に値上がりする可能性は低いということが断言できるなら、株にも同じことが言えるのではないか。

　あるいは、もっと簡単に言ってしまえば、地球上のあらゆるものについて「高い」「安い」という概念があるのに、株を売買すると

きにかぎって「高い」「安い」といった概念がないということが果たしてあり得るだろうか。もし株価が「高い」「安い」と言えるのなら、全株式の集合体であるマーケット自体についても、「高い」「安い」と言えるのではないか。そして、もしマーケット自体に「高い」「安い」という言い方が当てはまるのなら、株価が上がるか下がるかを予想するときに、これが何らかの決め手になるのではないだろうか。

こうした問題を自問し始めたことがきっかけとなって、われわれは予備調査を開始することにした。まず、株式益回り——S&P500種株価指数（S&P500）採用銘柄の1株利益の合計を分子に置き、S&P500採用銘柄の株価の合計を分母にして計算した値——が異常に低い、例えば5％以下（これを益回りの逆数となるPER〔株価収益率〕に直すと、20倍以上）だった年を戦後から拾い出し、その年から5年後、10年後、20年後のマーケットのパフォーマンスを調べてみた。そしてその騰落状況を、株価が「安い」とき、すなわち益回りが10％以上でPERが10倍以下だった年を起点とした場合の同期間の騰落状況と比較してみた。その結果、長期的に見ると、スタート時点で益回りの高かった「割安株」は概してかなりの高いリターンをもたらしていることが分かった。

こうした結果を踏まえ、株価が「高い」あるいは「安い」ときに株を購入した場合、その運用成績がどうなるのか、その他のさまざまな測定基準を用いて広範囲にわたる調査を行うことにした。その結果はきわめて一貫性のあるものだった。どんなに効果的な手法でも、短期間では株価を見ながらうまくタイミングを計ることはできなかった（少なくとも、われわれには不可能だった）。株価の動きは数カ月や1年程度では多かれ少なかれランダムなもので、ほかに

密接な関連性を持つような測定基準を見つけることはできなかった。

しかし、年単位で長期的に見てみると、株式益回り、配当利回り、PBR（株価純資産倍率）といった評価尺度や通常の株価移動平均から判断して、購入時の株価が「高い」か「安い」かということが素晴らしい投資リターンを上げられるかどうかに大いに関係することが分かった。20世紀全般に関して言えば、株への長期投資は正解だったと言える。とはいえ、株価が「安い」ときに買ったほうが「高い」ときに買うよりも、はるかに大きなリターンをもたらしていることが判明した。特に「マーケットタイミング」を計ったとき、つまり複数のどの尺度を用いてもマーケット全体が安く見えるときに買い出動したほうが長期的なトータルリターンがかなり高くなっていた。また、同様の尺度に基づいた株価の高安とは無関係にコンスタントに買いを入れたときも長期的なリターンはやはり良かったが、簡単に確認できるデータと株価との比較から買い場と思われるときに買ったほうが結果はずっと良かった。

次章以降は、何十年にもわたって毎月単純に（「愚かにも」という意味ではない）一貫して買いを入れていく場合とマーケットタイミングを狙う場合では結果がどう違うか見ていくことにしよう。きっと目を丸くするのではないかと思う。また、投資期間をもっと短めに設定して、株価が割安のときだけ買うようにした場合、株価の評価尺度の値がどの程度までなら悲惨な結果に終わらずに済むか、といったことも指摘していく（覚えておこう。ケインズも語っているように「長い目で見れば、人はいずれみな死ぬ」のだから）。また、どの尺度を用いるのが最も高いリターンをもたらすかも、お伝えしていこうと思う。

それから才走った人たちが前世紀にいかに巧みにデータを操作し

てマーケットタイミングなど無効であるかのように見せかけることができたか、その手口も解明していく。すべてはだれが起点と終点を選ぶかにかかっている——これが〝ヒント〞だ。また、われわれが提案した簡単なやり方でマーケットタイミングを計ると、なぜこれほどまでにうまくいくのか、その理由において企業収益の増減、長短金利、配当利回り、債券利回り、その他の金利といった〝マクロ要因〞がどのような役割を果たしているのかも分析していく。

というより、この100年もの間、マーケットタイミングを読むことがなぜこれほどまでに良い成績につながったのか、その理由について説明していくと言ったほうがいいかもしれない。新しい分野においては過去の教訓を陳腐化してしまうような新しいルールに従わなければならない可能性は常にある。とはいえ、「ニューパラダイム」をだれもが信じ込むようになると、たいていその後に大暴落が起きる。過去はガイド役としては完璧とは言えないが、われわれにとっては最高かつ〝唯一〞の指針となるものなのである。

本書を読み、ご自身で結論を出していただければと思う。

最初にひとつ心に留めておいてほしいことがある。われわれは自分たちなりのルールに従って生きてきただろうか。自分たちの手で料理したものを食べているだろうか。答えはイエスだ。で、その結果はどうだろう。けっして完璧とは言えないが、自分たちのルールに従って投資してこなかった場合よりも、何もかもずっとマシなのではないか。非常に厳しい投資環境のなかでも、われわれはこうしたルールに従うことで、それなりに儲けることができた。しかし、それよりもはるかに大事なことは、ルールに従ったことで大金を〝失わずに〞済んだ、少なくとも今のところはそうだ、ということだ。将来についてはまた別問題だが、歴史はわれわれの味方である。

これらのツールを使ったからといって、一夜で大金持ちになれるわけでも、短期間でひと財産つくれるわけでもない。長期的に見ても、ルールに従って"一貫して"まとまったお金をつぎ込んでいかないかぎり、ひと財産つくることは無理だろう。これはロケット工学の「ブラックボックス」のような構造不明の装置とは違う。株価の持続的パワーと、そのパワーを使って、いかに多くの問題を解決することができるか、それをまさに説いたのが本書なのである。

とはいえ、これは並大抵のことではない。ウォーレン・バフェットはよくこう言っている――金儲けの第一のルールは損をしないこと。第二のルールは、第一のルールを常に心に留めておくこと。われわれならさらにこう付け加えるだろう。投資を行うとき、あるいはもっと大きな意味でお金を扱うときに大切なことは「度を越すようなことはしない」、そして「あんまりバカなまねはしない」ということである。本書が読者の助けになることを心から願っている。少なくとも、われわれには大いに役立ったのはたしかだ。

第2章
株価のパワー
The Power of Price

　本書では引き続きS&P500を指標として使っていくことにする。S&Pすなわちスタンダード・アンド・プアーズは財務分析を専門とする会社で、S&P500とはアメリカの主要産業を代表する500の主力銘柄から成る株価指数（インデックス）である。現在1兆ドルを超す投資資金がこの大型株指数に釘付けになっているが、それはS&P500がアメリカの株式市場全体を代表する指標としてよく使われているからだ。よって、本書でもS&P500を利用することにする。われわれには個別銘柄を選別できるだけの資格などないし、いくら徹底的に調査したところで、それだけの資格のある人などほかにはほとんどいないからだ。われわれに言わせれば、株式投資においてインデックス買いが好ましい手法であることはあまりにも分かり切ったことなので、個別銘柄を長期間きちんとフォローし、かつ千里眼でもないかぎり、個別銘柄でマーケットタイミングを狙うことはお勧めしない。図2.1を見てほしい。これは20世紀中のS&P500の推移を示したものだ。

　S&P500の年末の終値は1902年には8ポイントだったが、2001年末には1148ポイントになっている――えらく上がったものだ。しか

図2.1　S&P500

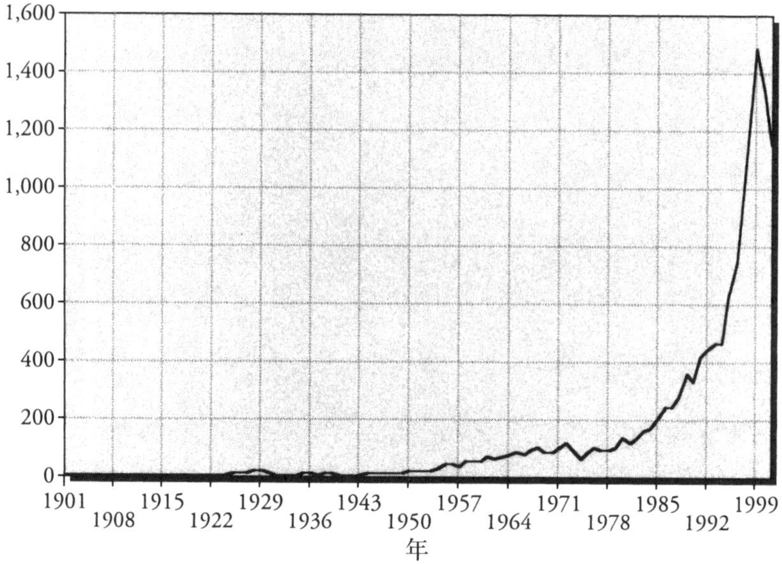
1,600
1,400
1,200
1,000
800
600
400
200
0
1901
1908
1915
1922
1929
1936
1943
1950
1957
1964
1971
1978
1985
1992
1999
年

し、これはインフレ調整されていないことを頭に入れておかなければいけない。チョコバー1本が5セントだったときのことを思い出してほしい。そこで、インフレを考慮に入れて換算し直せば、いわゆる「実質S&P500」すなわち〝インフレ調整後〟のS&P500の値が得られる。本書では一貫して2001年のドル価値をベースにインフレ調整後の数値を使用していくことにする。つまり、2001年のドル価値に換算すると、S&P500の推移は**図2.2**のようになる。

20世紀の前半は横ばい状態が続くが、1990年代後半には信じられないほど急騰している。株式市場の急成長ぶりには目を見張るばかりだが、毎年ずっと良かったわけではない。この点については後ほど詳しく触れることにしよう。

図2.2 実質S&P500

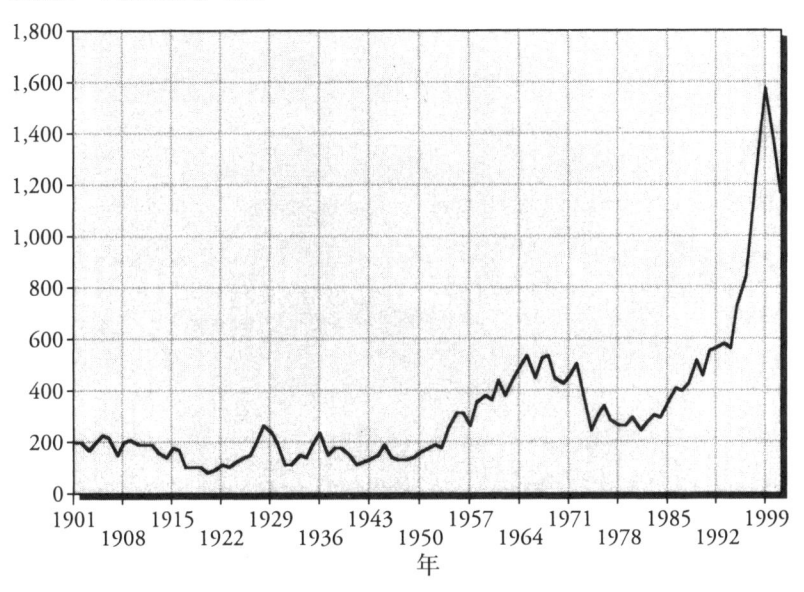

　ここで先に進む前に「移動平均線」について話しておこう。平均値はある一連の値を合計し、合計した値の個数で割れば得られる。移動平均線とは時の経過とともに変わりゆく平均値を線で結んでグラフ化したものである。直近の値を求めるには毎回、直近のデータを加えると同時に、期間中の一番古いデータを外していく。例えば15年移動平均の場合、1902年については1887年から1902年までのS&P500の平均値を求めて図に点を入れればいい。1903年については1888年から1903年までのS&P500の平均値を新たに記入する。その次の年は1889年から1904年までのS&P500の平均値を出す、といった具合に続けていけばいいのである。**図2.3**も20世紀における実質S&P500の推移をグラフにしたものだが、今度は15年移動平均線

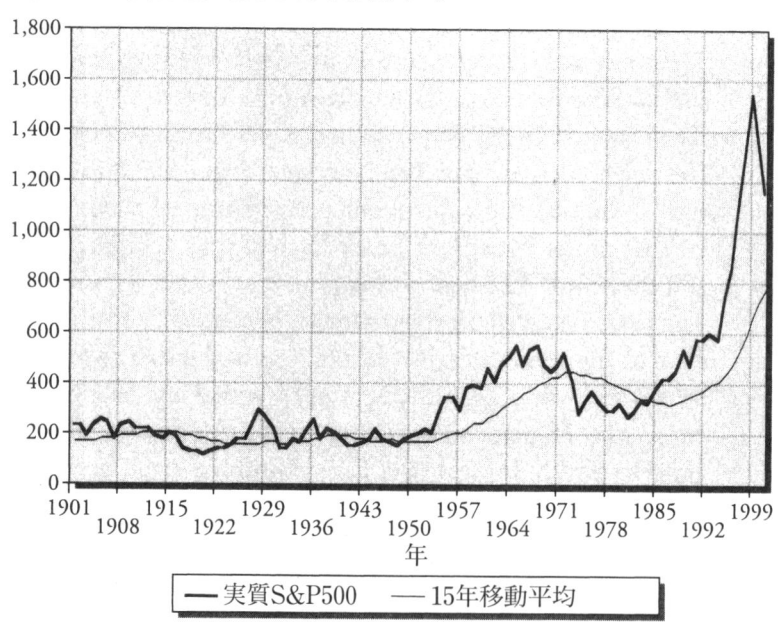

図2.3 実質S&P500と15年移動平均

```
1,800
1,600
1,400
1,200
1,000
 800
 600
 400
 200
   0
    1901    1915    1929    1943    1957    1971    1985    1999
       1908    1922    1936    1950    1964    1978    1992
                              年
        ── 実質S&P500    ── 15年移動平均
```

を重ね合わせてある。太線の間を縫うように走る細線が移動平均線である。S&P500はこの長期トレンドライン（長期線）を上回ったり下回ったりしている。

　比較の対象として15年移動平均を選んだのは特に意味があったわけではない。10年移動平均でも20年移動平均でも別にかまわない。ただ、そのときどきでS&P500がその長期トレンドにおいてどの位置にあるか、ということを単に示したかったにすぎない。本書では一貫性を保つために15年移動平均を比較の基準として使っていく。勝手に決めたことだが、比較する場合の基準を定めておくのは非常に重要なことなのだ。

　なぜかというと、人はだれでも支払った額に対して受け取る価値

を判断するとき、以前支払っていた額と現在の額とを本能的に比較するからだ。例えば、これまで３年間、家賃を毎月1000ドル支払ってきたのに、家主が急に3000ドルに値上げしたいと言ってきたら、感覚的に高いと感じて腹を立てるだろう。逆にガソリンスタンドに行って、ガソリンが１ガロン50セントだったら、きっと喜ぶに違いない。それはこれまでの値段と比べて安いからである。本書のポイントは――子どもでも分かる単純なことであるにもかかわらず、あまりにもとらえどころのないものであるがために、証券会社の人間には絶対に理解できないこと――すなわち、安く買ったほうが得だということだ。15年移動平均を使えば、歴史的に見て株価が安いのか高いのか見極めることができる。それはまさに市場参加者の取得原価の平均値を連続して表したものに相当するからだ。

　ここで公正を期しておくが、「安値圏にあるものは値上がりし、高値圏にあるものは値下がりする」という考え方は何ら目新しいものではない。研究者たちはこれまでも個別銘柄についてこの現象を調べている。

●デボンとセイラーは1985年、ジャーナル・オブ・ファイナンスに『ダズ・ザ・ストック・マーケット・オーバーリアクト？（Does the Stock Market Overreact？)』というタイトルの論文を書いている。そこでは1932年から1977年までの各年について５年リターンが最高だった銘柄と最低だった銘柄を調べ、各銘柄のその後のパフォーマンスをニューヨーク証券取引所（NYSE）全体のパフォーマンス（以下、市場平均）と比較している。その結果、５年リターンが最高だった銘柄のその後１年半のパフォーマンスは市場平均よりも６ポイント下回り、５年リターンが最低だった銘柄の同時期のパフォーマンスは市場平均よりも18ポイント上回

っていたことが分かった。

● ポテルバとサマーズ（後に財務長官となったあのラリー・サマーズ）は1988年に書いた論文『ミーン・リバージョン・イン・ストック・プライス・エビデンス・アンド・インプリケーションズ (Mean Reversion in Stock Prices, Evidence and Implications)』において上記の発見をさらに広範囲にわたって追究している。世界中の17株式市場のリターンを1926年から1985年について調査した結果、長期的に見ると、リターンの高かったものは低くなり、リターンの低かったものは高くなっていることが分かったのである。そこで、彼らからのアドバイス。最近大幅に値下がりしたような銘柄は買い。

● D・M・パワーとA・A・ロニー、R・ロニーはイギリス株を調査し、同様の結論を導き出している。『オーバー・リアクション・エフェクト――サム・U・K・エビデンス (The Over Reaction Effect－Some U.K. Evidence)』によれば、1973年から1982年にかけてパフォーマンスが最悪だった30銘柄のリターンが、同時期に最高だった30銘柄（および市場全体）のリターンを1983年から1987年にかけて連続して上回っていたのである。

さまざまな尺度で株価を評価することが個別銘柄を選択するうえで重要であるなら、マーケット全体を表す株価指数にもこれが応用できないだろうか。それにマーケットの〝価格〟が高いとか安いとか言えるなら、〝いついかなるときも〟一様に買い場であるとは言えないことになる。他の時期よりも買うのに良い時期――それも絶好の買い場かもしれない、という時期があってもいいはずだ。言い換えれば、他の条件が同じなら、相場が安いときに買いたいと思う

のが人情だろう。

　ここでちょっとした簡単なことをやってみよう。マーケット（相場）が長期移動平均を下回っているときは「安い」と定義することにする。**図2.3**で言えば、太線（相場）が細線（長期トレンド）の下方にあるときのことを指す。こうしたことは毎日起こることではないが、実際に起こり得ることだ。マーケットがどの程度高いか安いかということを測定するための尺度はほかにもあるが、それについてはあとの章で説明することにする。

　例えば、マーケット（＝S&P500）が15年移動平均を下回っているときだけ買いを入れることにする。ここでは最も基本的かつ原始的な方法でマーケットタイミングを狙う――現在の相場と長期移動平均との比較によって、マーケットの価格そのものを唯一の指標として使う。つまり、過去100年間の間、マーケットタイマーが株を購入するときは株価しか考慮に入れていなかったのだと仮定する。こんなに分かりきった平凡な方法が果たして役に立つのだろうか。

　これを検証するために過去100年間の年末のマーケットの状況を調べ、それが15年移動平均線――そのときの株価の方向性を示す長期線――よりも上か下かをチェックした。この長期トレンドラインよりも上なら割高、下なら割安とし、年ごとに「高い」（＝高く買う）、「安い」（＝安く買う）の２つのグループに分類した。

　次に、「高く買う年」の各年末に株を買い、５年、10年、15年、20年と保有した場合の各リターンを調べた。最初に「高く買う年」となったのは1902年で、この年にS&P500を買ったと仮定して、1907年、1912年、1917年、1922年の年末までのリターンをそれぞれ計算する。次に「高く買う年」は1903年で、同様にその年から1908年、1913年、1918年、1923年の各年末までのマーケットのパフォーマン

スをチェックした。こうして20世紀全体を見ていき、「高く買う年」に買った株が5年後、10年後、15年後、20年後にどうなっているか検証し、5年リターン、10年リターン、15年リターン、20年リターンといった保有期間ごとのトータルリターンの平均値を算出した。

「安く買う年」についても同様の処理をした。「安く買う」最初の年となった1907年に関しては、その年の年末の終値を購入価格とし、1912年、1917年、1922年、1927年の各年末までのパフォーマンスをチェックする。次に株価が割安と思えた年は1913年で、その年に株を購入し、1918年、1923年、1928年、1933年の各年末に売却したと仮定したリターンを算出した。このように20世紀全体を調べていき、5年、10年、15年、20年といった保有期間ごとのトータルリターンの平均を割り出した。

図2.4は20世紀を通して「高く買う」と「安く買う」という2つの投資戦略を採用した結果をグラフに表したもので、それぞれの場合の保有期間ごとのリターンがどうなっているかを示している。

ここに示した結果は「実質トータルリターン」すなわち「インフレ調整後のトータルリターン」で、期間中の配当金はすべてマーケットに再投資されたものと仮定してある。本書では一貫して、この実質トータルリターンをベンチマークとして使っていく。しかし、これでは本当は十分とは言えない。というのも、取引コスト（税金、管理料、手数料等）の調整をしていないからだ。

が、いずれにせよ、安く買ったほうが高く買うよりも実質トータルリターンが高いことに変わりはない。

それどころか、その差は時がたつにつれてどんどん広がっていく。マーケットタイマーのほとんどが誤解するのも当然である。**マーケットタイミングはたいていの場合、短期売買用の戦術とされるが、**

図2.4　一括投資（1902-2001）

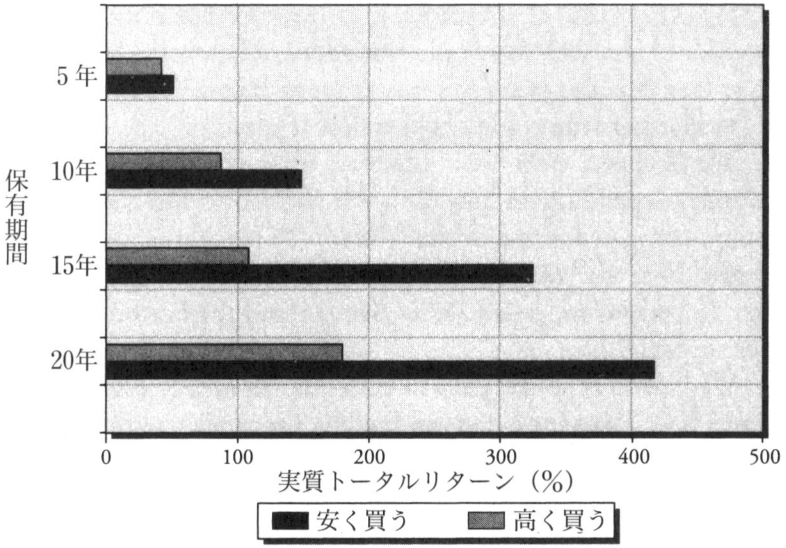

実際は長期投資にこそ打ってつけの戦略なのだ。これなら、われわれの目的にぴったりである。なぜなら、われわれが手助けをしたいのは保守的な長期派の投資家であって、神経質そうにコーヒーをすすり、タバコをくわえながら、コンピューター画面に映る株価に釘付けになっているようなデイトレーダーではないからだ。

保有期間が５年の場合、マーケットが移動平均よりも下のときに買った場合の実質トータルリターンは平均すると年率９％。一方、移動平均よりも上のときに買った場合は年率５％となった。ここで統計の基本ルールを思い出してほしい。リターンが９％というのは５％のリターンに比べて４％良いという意味ではない。４ポイント〝上〞、つまり80％〝良い〞ということだ。

これは単なる偶然だろうか。そこでS&P500が長期トレンドラインの上にあるか下にあるか、といったことだけではなく、移動平均線から"どのくらい"上下に離れているか、つまり、どのくらい高いか安いか、ということも測定することにした。

S&P500が移動平均線からどのくらい上あるいは下に乖離しているか、ということに基づいて、それぞれの年を他の年と比較しながら4つのグループにランク分けし、上から25％は「高い」、次の25％は「平均より上」、その次の25％は「平均より下」、下から25％を「安い」と称することにする。

各年をグループごとに見ていき、それぞれの年の年末に株を買って、ちょうど20年間――長期投資としてはちょうど良い期間――保有した場合の運用成績を調べた。各年の実質トータルリターンを計算し、4つのグループごとに平均リターンを算出した。その結果が**図2.5**である。長期投資においては、高く買うほどトータルリターンは低くなり、安く買うほどリターンが高くなることが分かった。

これは妙だ。購入時の株価が投資リターンを大きく左右するかのようだ。しかし金融業界ではこう言われている――マーケットタイミングを読むことは不可能だ。株価など気にせずに、今すぐ株を買え。長期的に見れば、株は必ず値上がりするのだから、と。ところが、われわれの発見はこれとは正反対で、日々の経験と完全に合致するものだった。どうやら株価とは、株を買うときに考慮する必要のない無関係な要素ではけっしてなく、おろそかにすると命取りになる非常に重要な要素のようだ。

表2.1は過去100年間のマーケットを年ごとに前述の基準に従って相対的に評価し、それぞれのその後のリターンを示している。ここでは先ほどと同様、「高い」（＝上位25％）、「(15年移動) 平均より

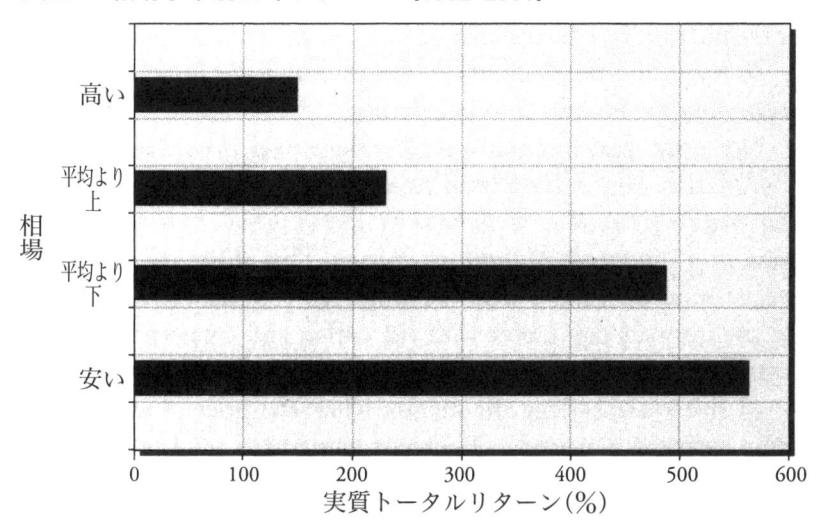

図2.5　相場水準別20年リターン（1902-2001）

（グラフ：縦軸「相場」― 高い、平均より上、平均より下、安い／横軸「実質トータルリターン（%）」0〜600）

上」、「（15年移動）平均より下」、「安い」（＝下位25%）というように4つのグループにランク分けしてある。

　このやり方で規律正しく株を買い付けていくとすると、どうなっていたか見てみることにしよう。まず、第一次世界大戦中（1914〜1918年）から1920年代初頭にかけてはひたすら買い続け、1920年代後半に訪れた新時代の投資ブームには買いを見送ることになる。そして大恐慌時代と第二次世界大戦中（1939〜1945年）およびその余波が及んだ時代には買いを入れ、1950年代から1960年代には配当金を再投資する以外は1株も買わず、1970年代から1980年代初頭にかけては再び買い出動する。そして株を買った20世紀最後の年は1984年だったはずだ。

表2.1　相場を基準とした投資期間別実質トータルリターン

年	相場	5年後 (%)	10年後 (%)	15年後 (%)	20年後 (%)
1902	高い	−11	45	0	43
1903	平均より上	51	51	22	69
1904	高い	32	11	−2	64
1905	高い	4	27	−33	75
1906	高い	5	20	−16	97
1907	平均より下	64	12	61	305
1908	高い	0	−19	12	310
1909	高い	−16	−26	24	229
1910	平均より上	22	−36	68	186
1911	平均より上	14	−21	87	72
1912	平均より下	−31	−2	148	67
1913	安い	−19	12	311	186
1914	安い	−12	48	291	189
1915	平均より下	−47	38	135	209
1916	安い	−30	64	51	318
1917	安い	43	261	143	315
1918	安い	38	409	254	439
1919	安い	67	342	227	409
1920	安い	163	346	488	472
1921	安い	135	116	498	257
1922	安い	152	69	189	204
1923	安い	268	156	290	269
1924	平均より下	165	96	205	242
1925	平均より上	70	124	118	266
1926	平均より上	−8	154	52	147
1927	高い	−33	15	21	72
1928	高い	−30	6	0	19
1929	高い	−26	15	29	58
1930	高い	32	28	115	143
1931	平均より下	177	65	168	355
1932	平均より下	71	80	155	426
1933	平均より上	52	44	71	240
1934	平均より下	56	75	114	443

表2.1 （続き）

年	相場	5年後 (%)	10年後 (%)	15年後 (%)	20年後 (%)
1935	平均より上	−3	64	84	399
1936	高い	−40	−3	65	297
1937	平均より下	5	49	208	450
1938	平均より上	−5	12	124	473
1939	平均より下	12	37	248	540
1940	平均より下	68	89	413	613
1941	安い	63	176	565	1,022
1942	安い	42	193	422	812
1943	平均より下	19	136	505	804
1944	平均より下	22	210	470	793
1945	高い	13	205	324	639
1946	平均より下	70	309	590	729
1947	安い	107	268	544	933
1948	安い	99	410	662	974
1949	平均より下	154	367	630	670
1950	平均より上	171	277	556	518
1951	高い	141	306	388	485
1952	高い	78	212	400	473
1953	高い	156	283	440	358
1954	高い	84	188	204	96
1955	高い	39	142	128	91
1956	高い	69	103	143	118
1957	高い	75	180	221	118
1958	高い	49	111	79	51
1959	高い	57	65	6	44
1960	高い	74	64	38	71
1961	高い	20	44	29	18
1962	高い	61	84	25	54
1963	高い	41	20	1	50
1964	高い	5	−32	−8	33
1965	高い	−6	−21	−2	53
1966	高い	20	7	−2	107

表2.1　(続き)

年	相場	5年後 (%)	10年後 (%)	15年後 (%)	20年後 (%)
1967	高い	15	−22	−4	73
1968	高い	−15	−28	7	83
1969	平均より上	−36	−13	26	167
1970	平均より上	−16	4	63	147
1971	平均より上	−10	−18	73	183
1972	高い	−32	−17	51	157
1973	安い	−16	26	115	251
1974	安い	35	96	314	429
1975	安い	24	94	195	453
1976	安い	−8	93	215	457
1977	安い	23	123	279	739
1978	安い	49	155	316	987
1979	安い	45	206	292	1,123
1980	安い	57	138	346	813
1981	安い	111	245	508	805
1982	安い	81	208	582	?
1983	平均より下	71	179	630	?
1984	平均より下	111	170	742	?
1985	平均より上	52	185	483	?
1986	高い	64	189	330	?
1987	高い	70	276	?	?

　ウォール街の歴史に詳しい人なら、これはみんながやってきたこととまさに正反対のことだと気づくだろう。安値を拾うのは「逆張り」の投資哲学である。たいていの人は強気相場のときに株に夢中になる。つい最近の例では1990年代後半のITバブルがそうだ。ク

アルコムやヤフーをはじめ、当時、急騰した株をいかにうまく売り逃げたかという自慢話をしている人たちがそこいら中にいたが、バブル期から2002年後半にかけては悲惨な結果に終わっている。

　だれもが株式市場に浮かれているときというのは、相場は成層圏に達するくらいにつり上がり、価格志向の投資家から見れば、もう高すぎる状態となっているものだ。いわゆる「バリュー投資家」はまさに大恐慌時代や1970年代半ばのように株価が半値になってしまうような見るも無残な相場環境のときにすかさず買いを入れる。こうしたときは、だれだって相場の話など聞きたくもないし、株には嫌悪感を示すようになる。しかし、こうしたときにこそ、抜け目のないマーケットタイマーは財布を取り出して買い出動するのである。

　大勢に逆行するには不撓不屈の精神がなければいけない。当然のことながら、買いが殺到すれば、株価はいずれ天井に達し、市場が総悲観となれば、いずれ底に達する。大勢に従えば、精神的に満足できるし、安心感が得られる——たとえ、それがけっぷちめがけて突っ走っていたとしてもそうなのである。しかし、こうした精神安定剤的なものを手放さないといけない。マーケットタイミングを狙って並外れたリターンを上げるには、これはどうしても支払わなければならない精神的代償なのである。仮に次のバブルが訪れて、お隣の間抜けなデイトレーダーの家の前で新品の「レクサス」（トヨタの高級車）を目の当たりにしたとき、この精神的代償を実感することになるかもしれない。次のバブルはわれわれの時代にはもう来ないかもしれないが、可能性がないわけではない。そこで、いざというときは、これらの図表のことを思い出してほしい。

　株式市場に関する他のアノマリー（**訳者注　理論的に説明がつかないものの、市場に規則的に発生する事象**）には、指摘されたとた

んに消失するものもあるが、安く買った結果については変わることはないだろう。というのも、大きなリターンはタダで手に入るわけではないからだ。むしろそれは、だれもがもうダメだと言っているときに、あえて買いを入れ、業界が浮かれ騒いでいるときに買いを見送る、といった精神的な重圧を担うことに対する報酬として与えられるものなのだ。

相場だけを基準とした一括投資

　ここでまた別の状況を考えてみよう。仮に5万ドルを手にした幸運な人間が2人いて、20世紀のある時点で株式投資を行ったとしよう。そのうちひとりは業界の超楽観的な見方に従い、相場にまったく気を留めることなく5万ドルを投資する。もうひとりは大胆かつ機知に富んだマーケットタイマーで、年末の相場が長期移動平均を下回った年だけに投資した。平均すると、どちらのほうがより賢明な投資だったと言えるだろうか。

　1901年から1981年にかけて各年末から20年間保有した場合のリターンをそれぞれ計算し、2人の平均リターンを算出した（なお、1982年以降に関してはデータが足りないため、20年リターンの算出はまだしていない）。"相場の状況にかかわらず"投資したケースについては20年リターンをすべて足し合わせて平均を出し、マーケットタイマーについてはS&P500が長期移動平均を下回った年だけの20年リターンの平均をとることにする。

　時を選ばず一括投資をするような人（＝ノン・マーケットタイマー）が投じた5万ドルは20年後に平均で21万8500ドルとなり、年率リターンは7.7％だった。一方、相対的に安いときだけ買いに入っ

たマーケットタイマーの場合、投資した5万ドルは20年後に31万3500ドルとなり、年率リターンは9.6％だった。つまり、マーケットタイマーのほうが9万5000ドル、すなわち約25％多く儲かった計算になる。

言うまでもなく、ノン・マーケットタイマーが実際に投資するのは〝平均的な年〟だけではない。〝特別な年〟——つまり、S&P500が長期移動平均線よりも上の年や下の年にも同様に投資することになる。もしその年の相場が移動平均よりも下なら、結果はマーケットタイマーと同じになるが、移動平均よりも上なら、結果は前述の平均リターンよりもずっと悪いものになるだろう。結果的には、むしろ図2.4のような形になるに違いない。

ここで別の見方をして、実質トータルリターンが最悪となるケースを考えてみよう。時を選ばずいつでも買いを入れる投資家が20世紀中に5万ドル投じた場合、20年後にはたったの5万9500ドルにしかならないが、マーケットタイマーの場合、投資した5万ドルは最悪でも8万3500ドルになる。これから何が言えるだろうか。簡単に言うと、安く買っておけば、上げ相場でとてつもないリターンを享受できるだけでなく、将来の下げ相場に備えて非常に有効な防御策にもなるということだ。相場水準に基づいてマーケットタイミングを計れば、株式市場にいつ飛び込むべきか、賢明な判断ができるのである。

相場だけを基準としたドルコスト平均法

「ドルコスト平均法」は、一括投資できるほどの大金は持ち合わせていないが、投資口座に定期的に——通常、毎月または毎年——

少額なら入金できる「小口投資家」のために業界で支持されている投資戦略である。たいていの場合、給与から自動的に天引きされて退職プランに振り替えられたり、当座預金口座から投資信託へ振り替えられたりといった形をとる。ドルコスト平均法の実践者はどの月もどの年も同様に投資に最適だと信じ込んでいる事実上のマーケットタイマーである。業界では相場が下がりだすと、とたんにドルコスト平均法が最適だという話が出る。というのも、下げ相場では同じ投資額でより多くの株数を買うことができるため、まさに朗報と言えるからだ。もちろん、上げ相場では同じ投資額でも買える株数は減っていく。しかし、この際、そうしたことは大したことではない。マーケットが上がっているかぎり、だれも自分のお金で何株買えるかなど気にも留めないからだ。投資家にとっては、どっちに転んでも得をすることになっているのである。が、果たして本当にそうだろうか。実際のところは毎年同じ額を機械的に投資するよりも、時期を選んで投資したほうがはるかに良い結果が得られている。

　1901年末、2人の投資家が20世紀中ずっと年末ごとに株を買うことに決めたとしよう。ひとりはウォール街の甘い誘惑の言葉につられて、相場が上がろうが下がろうが、ドルコスト平均法に従い、毎年年末に必ず投資することに決める。もうひとりは思慮分別のある慎重なマーケットタイマーで、年末にS&P500が15年移動平均を下回っているときだけ買うことを誓った。2人の最終的な運命については図2.6を見てほしい。

　ドルコスト平均法実践者は951％という桁外れに大きな投資リターンを上げている。投じた10万ドル（＝2001年のドル価値ベース）は最終的には105万1008ドルとなった。疑う余地もなく、20世紀は株を買うにはまさに絶好の時代だったと言える。先見の明があった

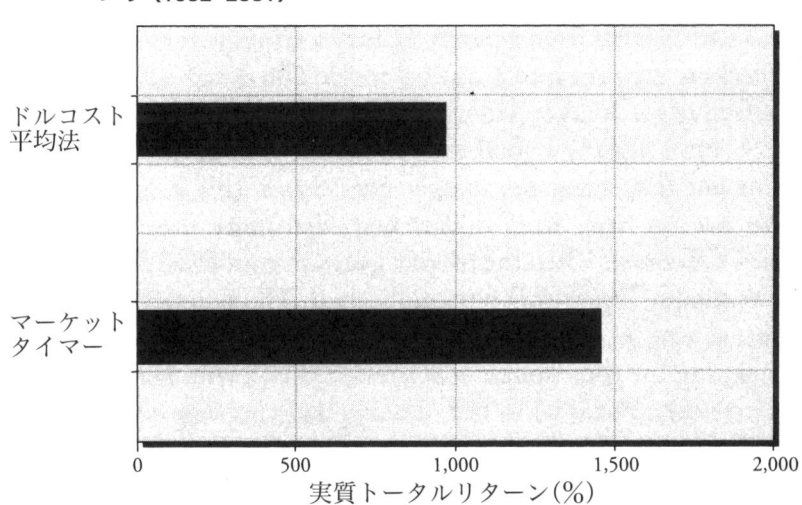

図2.6 ドルコスト平均法 vs 相場を基準としたマーケットタイミング(1902-2001)

実質トータルリターン(%)

おかげで大いに報われ、好成績を残せたのである。

　一方、マーケットタイマーのほうは投資機会が２回に１回ぐらいしかないだろうとあらかじめ読んでいたため、相場が安いときに倍の金額を投じ、それ以外のときは銀行に預けておくことにした。ドルコスト平均法実践者は相場状況とは無関係に毎年1000ドルずつ投資したが、マーケットタイマーはこのように買い場だと判断したときだけ2000ドルずつ投資した。

　とはいえ、マーケットタイマーの投資リターンは1433％に達している。この100年の間に株価が購入基準に見合う年は40回しかなかったため、最終的な投資金額は８万ドルとなったが、現在の評価額は122万6213ドルに膨れ上がり、実質トータルリターンは1433％に

もなった。これはドルコスト平均法実践者のリターンと比べると、約51％も良いことになる（しかも、これには手元に残ったキャッシュは含まれていないのである）。この大きな差はまさにマーケットタイミングを計ったかどうかの違いからくるものだ。

1977～2001年

ここで、現在に近い時代に話を移して分析してみよう。例の2人の投資家が1977年に401kプラン（確定拠出型企業年金）に加入し、月々の拠出額は各自で決めるものとする。

このとき、相場がどうなっていようが、ドルコスト平均法実践者は自分で汗水流して稼いだ給料のなかから毎月月末に100ドルずつS&P500に投資することにする。一方、マーケットタイマーは1回に200ドルずつ拠出するものの、S&P500が長期移動平均を下回っているときだけ買うことにする（**図2.7**参照）。

これは量子力学の話ではない。したがって、マーケットタイマーは1985年の6月までは、ひたすら買い続けるが、S&P500が15年移動平均線を下から上に突き抜けた時点で、厳密に言えば、株価はもう高すぎることになるため、その後はずっと静観し、配当金を再投資する以外は何もしなかった。

2001年末までにドルコスト平均法実践者は毎月100ドルずつ、合計3万ドルをつぎ込み、最終的にはその評価額が7万5059ドルに膨らみ、トータルリターンは150％となった。一方、マーケットタイマーは同じ期間に2万400ドルしか投資する機会がなかったが、その評価額は現在7万8180ドル――トータルリターンは283％となり、コンスタントに買っていたもうひとりと比べると、運用成績は89％

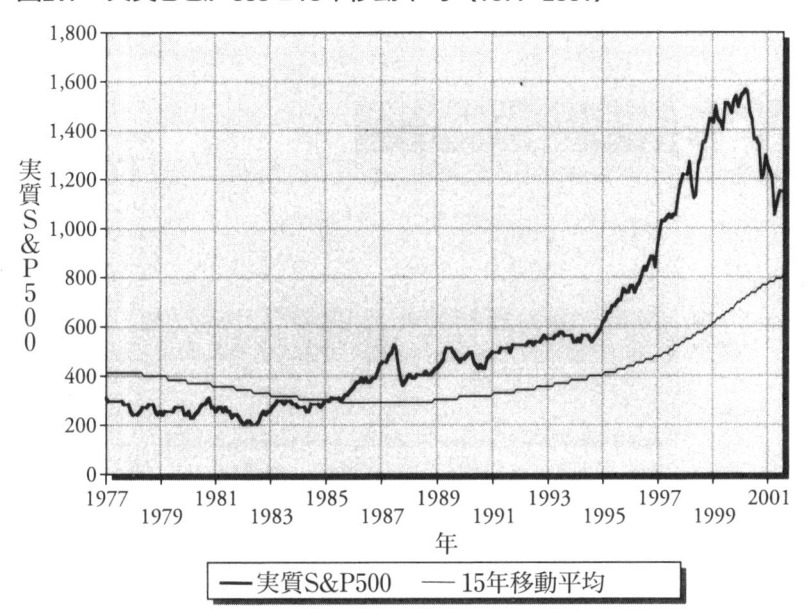

図2.7 実質S&P500と15年移動平均（1977-2001）

も良かった。2人の成績については**図2.8**を見てほしい。

　マーケットタイマーは現行のマーケットを長期的な相場水準と単純に比較することによって安いときに買いを入れ、優れたリターンを上げている。単純すぎてウソのような話だが、これまでのところ本当の話である。

　前述したとおり、マーケットタイマーはマーケットが再び購入基準に達するのを待ち続けていたため、この15年間はキャッシュをずっと手元に寝かせていた。もしこの間に、そのお金で債券を買っていたとしたら、その評価額は現在1万7271ドル。とすると、評価額の合計は9万5451ドルとなる。ちなみに、もうひとりの評価額の合計は7万5059ドルである。仮にマーケットタイマーがそのお金を何

図2.8 ドルコスト平均法 vs 相場を基準としたマーケットタイミング(1977-2001)

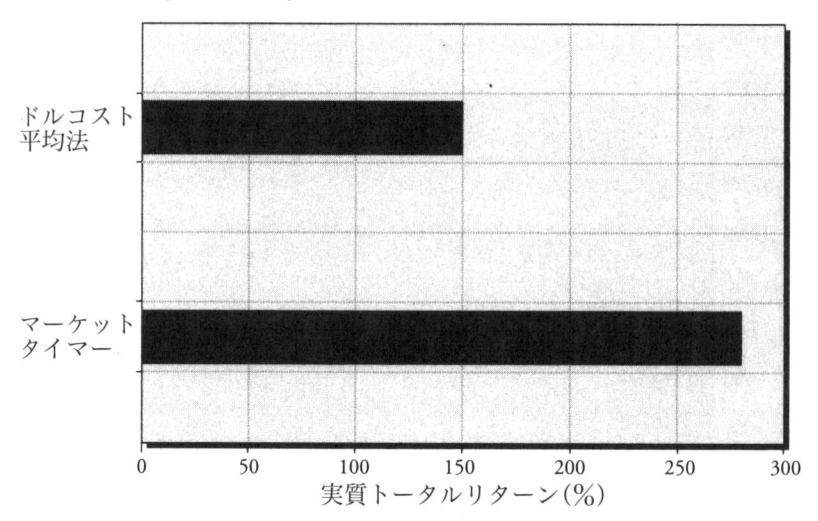

の面白みもない完全に無リスクの割引短期国債（TB）に投資していたとしても、その"お小遣い"の評価額は現在１万1427ドルとなり、合計すれば８万9607ドルもの大金となる。いずれにせよ、マーケットタイミングを計ることには何らかの価値があると見ていいのではないだろうか。

これまでは値動きという観点から株式市場を観察してきたわけだが、次からは市場価値を評価するうえで役立つ他の株価指標についても見ていくことにしよう。まずはすべてを動かす原動力となるもの、すなわち「企業収益」に注目し、よく使われる指標「PER」（株価収益率）を取り上げ、マーケットタイミングを計るときに役に立つかどうか調べてみよう。

第3章
株価収益率(PER)
The Price/Earnings Ratio

　株価以外で株式に適用することができる最も基本的な評価尺度のひとつに「株価収益率」がある。日本では「PER」、英語では「P/E」あるいは「multiple」とも呼ばれ、株価をその企業の1株当たり利益(EPS)で割った値を指す。株を1株購入するということは、額に入れて飾ることができるきれいな株券を手に入れるというだけのことではない。実際には、その会社のごく一部を所有し、その持ち分に応じて会社の利益を共有するということなのだ。PERを見れば、将来的な会社の利益がどのくらいまで株価に織り込まれているかが分かる。

　利益が分からなければ、株価の価値評価をしようにも限界がある。例えば、家賃収入を得るためにアパートを購入しようとしても、将来見込まれる家賃収入が不明であれば、アパートの合理的な価格を見極めることは不可能である。カリフォルニア州サンタモニカの海岸に面した日当たり良好の物件であっても、市が賃貸料に関する規制を設けているアパートであれば(こういう地域は実際に存在する)、価格は安くならざるを得ない。なぜならローンをカバーするほどの家賃収入が見込めないからだ。筆者は大学時代、しばらくの

間、「モンティズマ・ホール」という、かなりくたびれたアパートに住んでいたことがある。学生数の多い大学に隣接していたため、こんなぼろアパートでも家主にとってはドル箱で、売ろうとすればかなりの高値が付いただろう。とにかく大学周辺はアパートの需要が常に高く、いくらでも価格をつり上げることができるからだ。しかし、何も知らない人がこれらのまったく異なる2軒のアパートの前を車で通ったとき、実際の価値とは正反対の印象を受けるに違いない。価格というものは利益に大きく左右されるものなのだ。

　フィデリティのピーター・リンチが簡潔に述べているとおり、「最終的にマーケットを動かすのは企業収益である。これは実に単純なこと」なのだ。株価やマーケット全体がそれらの根底を成す企業収益とかけ離れた動きをするようになってしまったら、放置しておくわけにはいかない。一時的にはこうしたことも起こるが、最終的にはだいたい釣り合いがとれるように落ち着くものだ。イェール大学の経済学者ロバート・シラーは株式市場の過去の値動きや企業収益の推移を注意深く観察し、その著書『投機バブル根拠なき熱狂』（ダイヤモンド社刊）のなかで1990年代の株式市場のバブル崩壊を見事に言い当てている。

　公開企業にとって「株価」とは実に明快なものだ。それはその企業の株式が公開市場において現在いくらで取引されているかを示している。一方、「企業収益」とはその企業の税引き後利益のこと。つまり、配当の形で株主に分配されるお金や会社が将来的に成長していくために再投資用に回されるお金など、利用できるすべてのお金を指す。ある企業のPER（株価収益率）が10倍で株価が10ドルなら、1株当たりの前年度の利益は1ドルとなる。また、PERが30倍で利益が同じ1ドルなら、その企業の株価は30ドルということ

になる。

　では、PERが10倍の株が見つかるときに、なぜわざわざPERが30倍の株を購入するのだろうか。それはPERが高い銘柄ほど、成長率が高いと考えられているからだ。つまり、いずれ増益増配という形で見返りがあるだろうと予想される企業を早めに買っておこうというわけだ。仮に増益増配といったごちそうにありつく前に売却する場合でも、現在の株価にすでに織り込まれている莫大な配当を狙っている投資家相手にプレミアム付きで売れるだろう。高PER銘柄をあえて選んで買う投資家は、"後"の莫大なリターンを確保するために、"今"、リスクをとっているのである。しかし残念ながら、第二のインテルとなるような高PER銘柄が出現するたびに他社が廃業に追い込まれているのもまた事実である。コズモ・ドット・コムにピザを注文しようとしても、ホームグローサー・ドット・コムに食料品の配達を頼もうとしてもできないのは、もう倒産してしまっているからだ。

　投資書籍の古典とも言うべき『賢明なる投資家』（パンローリング刊）のなかでベンジャミン・グレアムは銘柄スクリーニングのツールとしてPERを利用することを勧めている。ただし、彼の目的はターボチャージャー付きのグロース株（成長株）を探すことではなく、過小評価され、売りたたかれた不人気株を発掘することだった。こうしたバリュー株（割安株）こそ値上がりする可能性が大きいからだ。しかしインターネットの普及によって、今やマウスをクリックするだけで、だれでも瞬時に何千もの銘柄をふるいにかけられるようになったため、こうした過小評価されたお宝銘柄を見つけるのはグレアムの時代よりも困難となっている。グレアムによれば、PERの高いグロース株は概して良い投資対象にはならないという。

だが、投資家というのはおいしい話が大好きだ。しかも、こうした成長企業（その多くはハイテク企業）には特に目がない。これらの高PER銘柄は上げ足が速いため、保有している投機家にとって、上げ基調のときはそれこそ胸躍るものだ。しかし業績が期待を裏切るものだと急落しかねない。1999年、インターネット企業の花形インキュベーター、CMGI社の株価が急騰し、1000ドルを超えるまでに跳ね上がった。同社は利益が出ていなかったため、PERは無限大だった。当時1株1000ドルだったこの会社があなたのお気に入りだったなら、今ではもっと気に入るだろう。本書執筆中の現在、同社の株価は35セントである。

　グレアムはこうしたことをすべて理解していた。だからこそ、PERが20倍を超えるような銘柄は避けるように忠告していたのである。長期派の投資家で大成功を収めたのは、ウォーレン・バフェットのように、この「バリュー投資」の理念に従った人たちだ。高値を付けたグロース株のなかにも、嫌気売りされたバリュー株同様、紙くずと化すものが必ずある。しかしバリュー投資家であれば、誤ってそうした銘柄を買ってしまっても、その代償は安上がりに済むはずだ。

　ここで、低PER銘柄を好むグレアムの信念を裏付ける検証結果を挙げておこう。

- ジェームズ・オショーネシーは1951年から1994年にかけて毎年年初にS&P500のなかからPER下位50銘柄を買い付けた結果、88％の確率でマーケット全体よりもリターンが高いことを発見した。複利ベースの年間リターンで見てみると、同期間のS&P500が11.41％であるのに対して、低PER50銘柄は13.47％で、約18％も成績が良かったのである。

- サンジョイ・バスは1977年、ジャーナル・オブ・ファイナンスに次のような調査結果を発表している。1957年から1971年にかけて毎年、NYSE（ニューヨーク証券取引所）の全上場銘柄をPERの高低に従って5つのグループにランク分けし、その翌年のリターンをそれぞれチェックしたところ、PERが最上位のグループは年間リターンが9.3%だったのに対して、最下位のグループは16.3%で、副次的なリスクもなかった。
- ロジャー・イボットソンは1967年から1984年にかけてNYSE上場銘柄をPERの高低に従って10のグループにランク分けし、18年間にわたって複利ベースのリターンをそれぞれ調べたが、PER最上位グループの年間リターンが5.6%だったのに対して、最下位グループは14.1%で、152%もリターンが高いことが分かった。
- ラコニショック、ビシニー、シュライファーの3人は1968年から1990年にかけてNYSEおよびAMEX（アメリカン証券取引所）の全上場銘柄をPERの高低に従って10のグループにランク分けし、5年リターンをそれぞれ追跡した。PER最上位グループの年平均リターンは11.4%だったが、最下位グループでは19%にもなった（ただし、どのような選び方をしても、相対的にリターンが高い時期もあれば、低い時期もあることを頭に入れておいてほしい）。
- 低PER銘柄への投資については、イギリス、ドイツ、フランス、スイス、日本でも同様のメリットが確認されている。ディムソン、マーシュ、ストーントンの3人が海外市場のデータを調べたところ、バリュー株全体の月次リターンは市場平均よりも0.26%高いことが分かった。

どうして低PER銘柄は高PER銘柄よりも概して値上がりが大きいのだろうか。この問題を解くカギは「平均値への回帰」という統計的な概念にある。これはつまり、「極端な値をとった後は通常の値に戻っていく」ということを格式高く言ったものだが、これでなぜPERやこれから扱う他のバリュー指標がマーケットタイミングを読むときに有効か説明がつく。

　例えば野球。シーズン打率が３割３分３厘の強打者が昨日の試合で３打数３安打、つまり、打率が10割だったとすると、今日も10割打てると言えるだろうか。答えはノー。おそらく打率は限りなく３割３分３厘に近づいていくものと思われる。

　仮に今日、この同じ打者が３打席とも三振に打ち取られた、つまり、打率０だったとしても、今後もずっと打率０が続いて、その結果、お払い箱になるということがあるだろうか。これもノーだ。打率はやはり３割３分３厘あたりに落ち着くことになるだろう。

　「平均値への回帰」とは、本書で扱うほとんどのマーケットタイミングの指標を有効にしてくれる伸び縮みするゴムバンドのようなものだ。通常の経験から言って、ある値が大きく軌道を外れてしまったときは──今すぐというわけにはいかないかもしれないが、いずれ──このゴムバンドが必ず引っ張り戻してくれるのである。

　極端な値にはいくらかのエラーが含まれていることが多い。カーステレオでも音量をぎりぎりまで上げれば「ノイズ」が発生しやすくなるのが普通だ。例えば、高速道路で隣の車がロールスロイスだからといって、運転している人間の所得を簡単に当てられるだろうか。答えはイエスでもあり、ノーでもある。相手はカーマニアか、あるいはステータスを求める中流階級のヤッピーが気取っているだけかもしれないが、おそらくは大金持ちである可能性が高いだろう。

しかし大金持ちにもいろいろある。その財産は1000万ドルか5000万ドルか1億ドルか、あるいはそれ以上かもしれない。答えはいくらでも考えられるが、そのうち正解はひとつしかないのだ。余談だが、低速車線で10年前のピックアップトラックを運転している男を見て、貧乏人だと思ったあなたは、おそらくスタンリー&ダンコの『となりの億万長者』（早川書房刊）を読んだことがないか、中西部に住んだことがない人だろう。

　株価および企業の決算発表は厳しい市場テストにさらされ、日を追い、年を追うごとに幾度となく試される。このため、仮にPERの値にこうしたエラーが生じても、時間の経過とともに修正され、より正確な情報に置き換えられることになる。こうして再び秩序が保たれ、均衡状態に戻る。引っ張られていたゴムバンドがパチンと元に戻るというわけだ。

　マーケット全体の場合も個別銘柄同様、PERが低いときに買いを入れたほうが、その後のリターンは高くなるものだろうか。S&P500の全採用銘柄をひとつの株式として扱い、PERを一括して算出すると、どうなるだろうか。そのPERが低いときに、この株を買えば、平均値への回帰によって再び値を戻すだろうか。もしそうであれば、マーケット全体を買うタイミングを計るのにPERが利用できるということだ。

　過去100年間、S&P500のPERはだいたい5〜30倍の範囲内にあり、平均すると16倍ぐらいだった。**図3.1**は実質S&P500（インフレ調整後のS&P500）を表したもので、この100年間の推移を一目で見ることができる。**図3.2**はS&P500のPER（太線）と、その15年移動平均（細線）をグラフにしたものだ。

　1932年にはPERが130倍にも跳ね上がり、あまりにも高すぎてチ

図3.1 実質S&P500

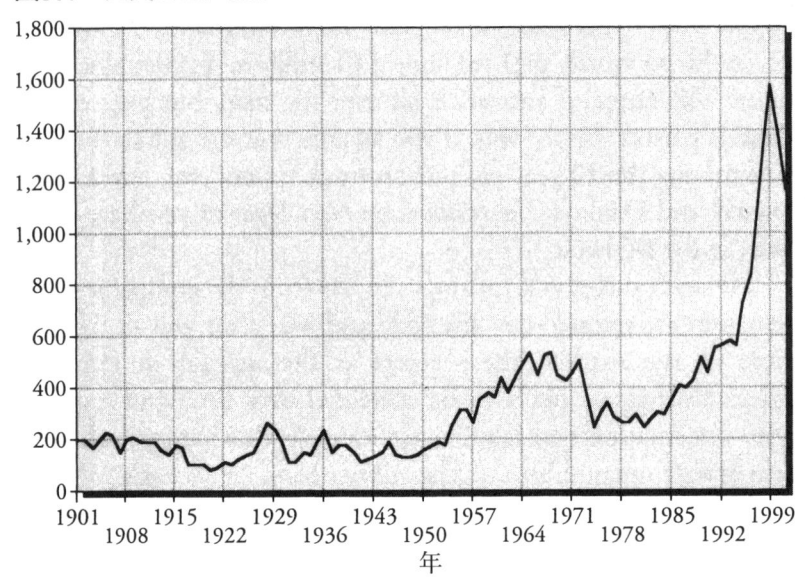

ャートからはみ出してしまっている。世界大恐慌によって株価が暴落したにもかかわらず、企業収益への打撃がそれをはるかに上回っていたからだ。つまり、分母（1株当たり利益）の下落率が分子（株価）の下落率よりも大きかったため、PERの値が一時的に跳ね上がったのである。こうしたことは統計学的にはしばらくは起こり得ないと思うが、けっして起こってほしくないと祈るばかりである。

まず、この100年において各年のPERがその移動平均に対してどの位置にあるかによって分類する。PERが移動平均線よりも上なら株価は「高い」つまり「高く買っている」とみなし、逆に移動平均線よりも下なら株価は「安い」つまり「安く買っている」とみなすことにする。こうして安い年あるいは高い年に買い、その年から

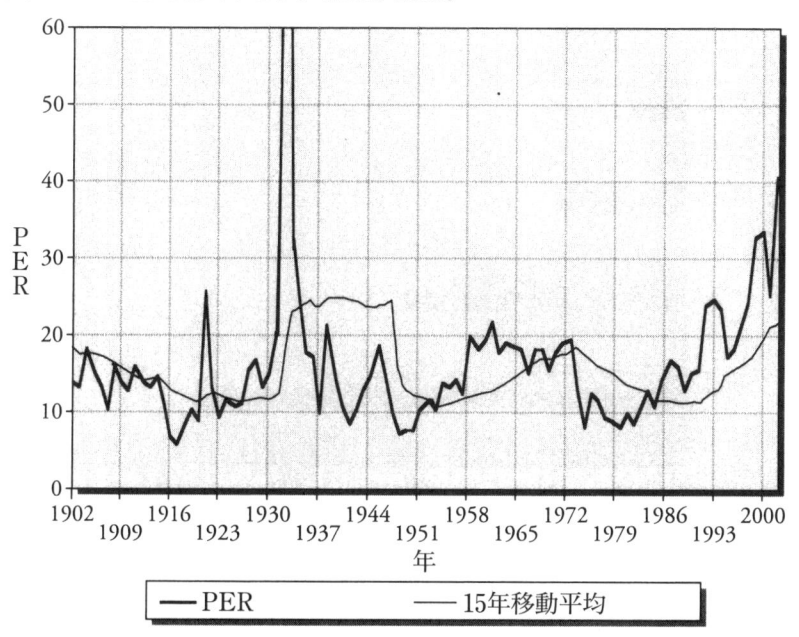

図3.2　S&P500のPER（1902-2001）

一定期間保有した場合のトータルリターンを期間別に算出した。結果については**図3.3**を見てほしい。保有期間がいったん5年を超えると、低PERのときに買い付けたほうが高PERのときに買い付けた場合よりもリターンが高くなっている。つまり、企業収益は重要であるばかりか、マーケットタイミングを狙うときにも利用できるものなのだ。

次に、株を購入する時点でPERがどのくらい高いか低いかということが重要かどうかを調べることにした。ゴムバンドは引っ張られれば引っ張られるほど勢いよく元に戻ろうとするはずだ。そこで、年末時点でPERが移動平均と比べてどれほど高いか低いかによって100年間を4つのグループにランク分けしてみた。PERが上位25

図3.3　PERを基準としたマーケットタイミング（1902-2001）

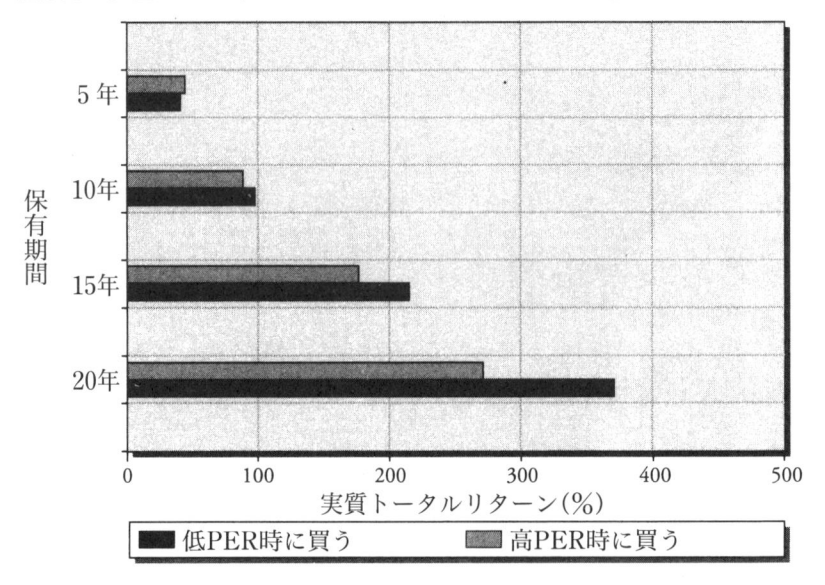

　　　　　　　　　　　　　　低PER時に買う　　　　高PER時に買う

％の年は「高い」、次の25％は「平均より上」、次の25％は「平均より下」、そして下位25％を「低い」グループに分け、それぞれの年に投資を開始して20年間保有した場合のトータルリターンを計算し、グループごとに平均リターンを算出した。結果は**図3.4**に示したとおりである。PERが下位にあるときに投資すると、いかに有利かということに注目してほしい。逆にPERが「高い」ときに投資したケースでは1932年にPERが異常高値を付けたことで得をしたにもかかわらず、最悪の結果となっている。

　54～56ページにある**表3.1**を見てほしい。これは20世紀の各年をPERの高低に従って同様に4つのグループにランク分けし、年ごとに投資リターンを追跡したものだが、結果は実に印象的である。

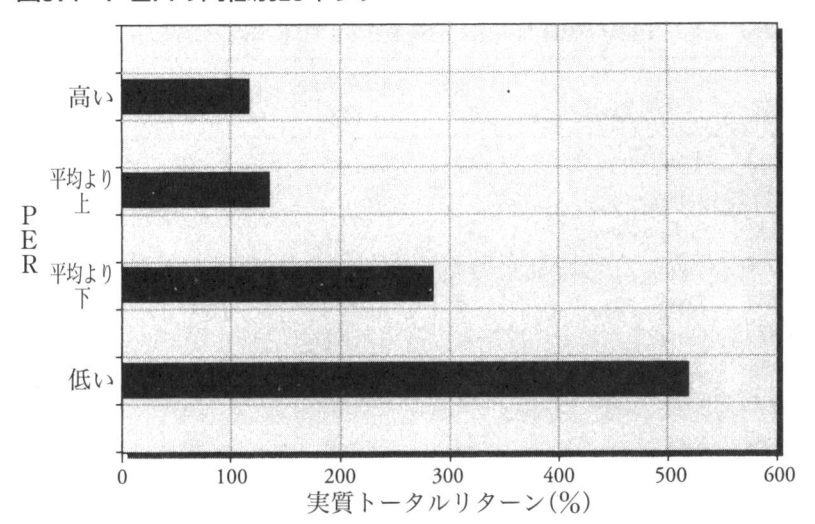

図3.4 PERの高低別20年リターン

縦軸 PER: 高い / 平均より上 / 平均より下 / 低い
横軸: 実質トータルリターン(%)

低PERのときに買えば、より高いリターンが得られるというわけだ。

PERを基準とした一括投資

今回もまたまとまったお金を手にした幸運な人間が2人いるとしよう。仮にこの2人が証券会社に電話をかけたとしても、もらえるアドバイスなどたいてい予想がつく。車のセールスマンが「車は今が買い時ですよ」と勧めるように、そして不動産屋が「今日は家を買うのに日柄が良い」と信じ込む傾向があるように、証券業界も例外ではない。「マーケットタイミングなど読めないことが分かり切っている以上、お金はすぐに投資に回したほうがいいですよ」と確

表3.1 PERを基準とした投資期間別実質トータルリターン

年	PER	5年後 (%)	10年後 (%)	15年後 (%)	20年後 (%)
1902	低い	−11	45	0	43
1903	低い	51	51	22	69
1904	平均より下	32	11	−2	64
1905	低い	4	27	−33	75
1906	低い	5	20	−16	97
1907	低い	64	12	61	305
1908	平均より下	0	−19	12	310
1909	低い	−16	−26	24	229
1910	低い	22	−36	68	186
1911	平均より上	14	−21	87	72
1912	平均より下	−31	−2	148	67
1913	低い	−19	12	311	186
1914	平均より上	−12	48	291	189
1915	低い	−47	38	135	209
1916	低い	−30	64	51	318
1917	低い	43	261	143	315
1918	低い	38	409	254	439
1919	低い	67	342	227	409
1920	低い	163	346	488	472
1921	異常に高い	135	116	498	257
1922	平均より上	152	69	189	204
1923	平均より下	268	156	290	269
1924	平均より下	165	96	205	242
1925	平均より下	70	124	118	266
1926	平均より下	−8	154	52	147
1927	異常に高い	−33	15	21	72
1928	異常に高い	−30	6	0	19
1929	平均より上	−26	15	29	58
1930	異常に高い	32	28	115	143
1931	異常に高い	177	65	168	355
1932	異常に高い	71	80	155	426
1933	平均より上	52	44	71	240
1934	平均より上	56	75	114	443

表3.1（続き）

年	PER	5年後 (%)	10年後 (%)	15年後 (%)	20年後 (%)
1935	平均より下	−3	64	84	399
1936	平均より下	−40	−3	65	297
1937	低い	5	49	208	450
1938	平均より下	−5	12	124	473
1939	低い	12	37	248	540
1940	低い	68	89	413	613
1941	低い	63	176	565	1,022
1942	低い	42	193	422	812
1943	低い	19	136	505	804
1944	低い	22	210	470	793
1945	低い	13	205	324	639
1946	低い	70	309	590	729
1947	低い	107	268	544	933
1948	低い	99	410	662	974
1949	低い	154	367	630	670
1950	低い	171	277	556	518
1951	平均より下	141	306	388	485
1952	平均より下	78	212	400	473
1953	平均より下	156	283	440	358
1954	平均より上	84	188	204	96
1955	平均より上	39	142	128	91
1956	平均より上	69	103	143	118
1957	平均より上	75	180	221	118
1958	高い	49	111	79	51
1959	高い	57	65	6	44
1960	高い	74	64	38	71
1961	高い	20	44	29	18
1962	高い	61	84	25	54
1963	高い	41	20	1	50
1964	高い	5	−32	−8	33
1965	平均より上	−6	−21	−2	53
1966	平均より下	20	7	−2	107
1967	平均より上	15	−22	−4	73

表3.1（続き）

年	PER	5年後 (%)	10年後 (%)	15年後 (%)	20年後 (%)
1968	平均より上	−15	−28	7	83
1969	平均より下	−36	−13	26	167
1970	平均より上	−16	4	63	147
1971	平均より上	−10	−18	73	183
1972	平均より上	−32	−17	51	157
1973	低い	−16	26	115	251
1974	低い	35	96	314	429
1975	低い	24	94	195	453
1976	低い	−8	93	215	457
1977	低い	23	123	279	739
1978	低い	49	155	316	987
1979	低い	45	206	292	1,123
1980	低い	57	138	346	813
1981	低い	111	245	508	805
1982	低い	81	208	582	?
1983	平均より上	71	179	630	?
1984	低い	111	170	742	?
1985	高い	52	185	483	?
1986	高い	64	189	330	?
1987	高い	70	276	?	?
1988	平均より上	63	326	?	?
1989	高い	28	299	?	?
1990	高い	88	284	?	?
1991	高い	77	163	?	?
1992	高い	121	?	?	?
1993	高い	161	?	?	?
1994	平均より上	212	?	?	?
1995	平均より上	105	?	?	?
1996	高い	49	?	?	?
1997	高い	?	?	?	?
1998	高い	?	?	?	?
1999	高い	?	?	?	?
2000	高い	?	?	?	?
2001	高い	?	?	?	?

信をもって言うに決まっている。「まあ、1年以内にはそのお金をマーケットにつぎ込んだほうがいい。マーケットタイミングなど計っていると、ろくなことはない。万一マーケットが崩落しても、短期的な変動によってやられても、売らずにじっと我慢していれば、うんと報われるから」と、人が安心するような言葉を投げかけてくれたりするものだ。

そこで、ひとりは「心配なんかだれがするものか」とばかりに一度に5万ドルをなげうつことにし、一方、超一流のマーケットタイマーであるもうひとりは証券マンの口先だけのアドバイスなど鵜呑みにせず、PERが15年移動平均を下回っている年だけに5万ドル投資しようと心に決めた。

前者、つまりノン・マーケットタイマーは過去100年間の各年、もっと正確に言えば、すべての年に買い出動し、一方、マーケットタイマーはPERが15年移動平均を下回っている年だけに買うことにする。

こうして1902年から1981年までの各年を起点として20年間保有した場合の実質トータルリターンを算出した（なお、1982年以降については、20年リターンはまだ計算できないため不明）。そしてPERが低い年だけに投資したマーケットタイマーの平均リターンと、PERの高低にかかわらず毎年投資したノン・マーケットタイマーの平均リターンを比較してみた。

マーケットタイマーは運に頼るのではなく、低PERを指標にすることによって素晴らしいリターンを上げてひと財産を築いた。各20年リターンを平均すると、ノン・マーケットタイマーよりも34％もリターンが高かったのである。持ち株の評価額を平均すると、現在27万6000ドルとなり、ノン・マーケットタイマーのほうは平均で

21万8000ドルとなった。証券会社へ電話をかけたことでノン・マーケットタイマーは結果的にえらく高い代償を支払うはめになったというわけだ。ということはつまり、購入時のPERの値は運用成績に多大な影響を及ぼすということだ。

ドルコスト平均法

　1901年、新しい世紀を迎え、これから投資家になろうと心に決めた前向きな2人の人間がいるとしよう。ひとりはドルコスト平均法の実践者で、マーケットがどうなろうが、毎年S&P500に投資する。もうひとりはマーケットタイマーで、PERが15年移動平均を下回っているときだけにS&P500を買うことにする。

　マーケットタイマーは1920年代半ばと1930年代半ばから1950年代半ばにかけてと1970年代から1980年代初頭にかけて、かなりの株を買い込むことになる。逆にマーケットが活況を呈した1920年代の終わりごろには買っていないはずだ。1960年代のエレクトロニクスブームや1970年代初頭に人気のあった50銘柄「ニフティフィフティ」についても買いを見送り、バイオ株が大当たりした1980年代や1990年代のITバブルなどは完全に避けて通った。これではどこのカクテルパーティーに呼ばれても、彼ほどつまらない人間はいなかったに違いない。

　とはいえ、けっして貧乏になったわけではない。図3.5はマーケットタイマーのトータルリターンを示したもので、同時期にドルコスト平均法で投資した場合と比較してある。

　安く買ったおかげでマーケットタイマーのトータルリターン（再投資した配当を含む）は1294％だったが、ドルコスト平均法による

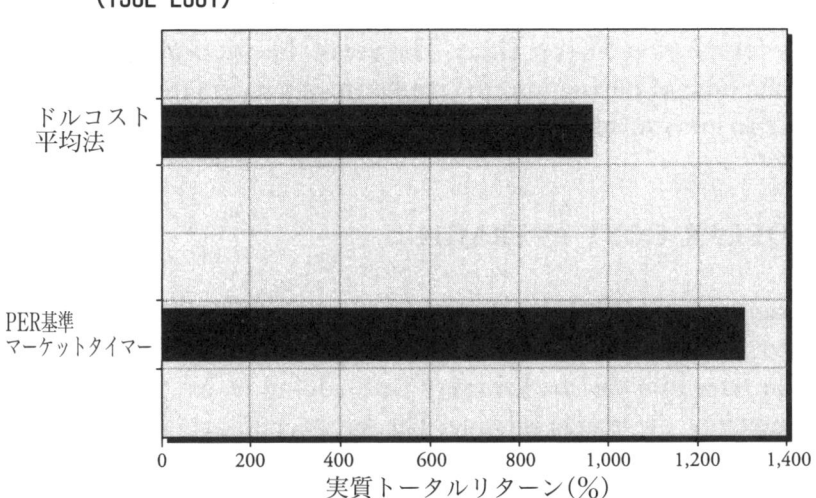

図3.5 ドルコスト平均法 vs PER基準マーケットタイミング（1902-2001）

（棒グラフ：ドルコスト平均法 約950%、PER基準マーケットタイマー 約1,300%。横軸：実質トータルリターン(%)）

投資リターンは951%で、マーケットタイマーのほうが36%上回っていた。しかし、これでもまだマーケットタイマーはけっして完璧な成果を収めたとは言えない。前述のとおり、1932年には企業収益がほとんど吹き飛んでなくなっていたため、S&P500のPERは史上最高の130倍に跳ね上がったが、その年の株価は実際には異常に安かったのである。前章で検討した「相場」といった単純な基準をはじめ、他の指標では買いシグナルが出ていたにもかかわらず、PERはマーケットタイミングを読むうえで誤ったシグナルを発していたのである。とはいえ、PERだけを拠り所にして投資した結果は、その誤りをカバーしてなお余りあるものだった（なお、完璧を求める人は最初から相場などに手を出さないほうが賢明である）。

マーケットタイマーの場合、PERが平均よりも下のときだけに買いを入れるため、投資機会は2回に1回ぐらいであることはあらかじめ予想がつく。つまりマーケットタイマーは、ドルコスト平均法に従って毎年買いを入れる人に比べて一度に2倍の額を投資できることになる。そこで、1902年の年末から毎年年末時点でのPERが15年移動平均を下回るときだけに2000ドル（＝2001年のドル価値ベース）ずつ投資すると、その投資額10万6000ドルは2001年末には148万7055ドルに膨れ上がり、実質トータルリターンは1294％となる。一方、ドルコスト平均法実践者の場合、何が起ころうと毎年コンスタントに1000ドルずつ投資していくと、その投資額10万ドルは最終的には105万1080ドルになり、実質トータルリターンは951％ということになる。ドルコスト平均法実践者が特にヘマをしたわけではないが、それでもどちらかを選べと言われれば、たいていの人はマーケットタイマーが余分に得た43万5975ドルを欲しいと思うだろう。まあ、それだけあれば、プラスチック製のフラミンゴをたくさん買い込んでトレイラーハウスの周りに飾ることもできる（訳者注　アメリカでは庭にピンクのフラミンゴを飾るのが俗っぽい郊外住宅のトレードマークとなっている）。

1977〜2001年

　低PER銘柄のほうが有利な運用ができる可能性が高く、マーケット全体（インデックス）を買うときにも低PERが有利だと言えるのであれば、過去25年間、毎月投資してきた場合にも、この法則が当てはまったとしても、おかしくはない。
　ここで2人の投資家の運命を見てみよう。ドルコスト平均法実践

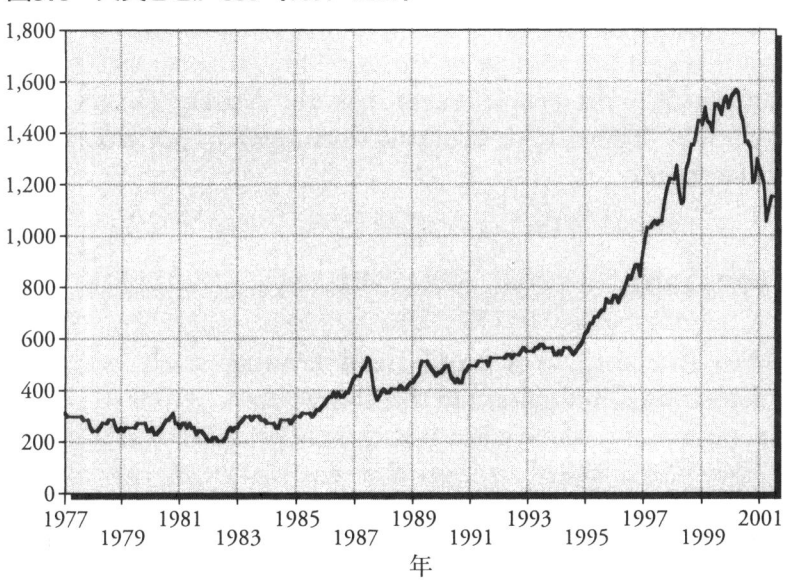

図3.6 実質S&P500（1977-2001）

者は1977年から2001年まで毎月月末に成り行きで買いを入れ、マーケットタイマーはPERが15年移動平均を下回る月だけに買った。**図3.6**はインフレ調整後のS&P500の推移を示したもので、**図3.7**は同期間における各月のPERとその15年移動平均を表している。

低PER狙いのマーケットタイマーは、だれもが金（ゴールド）を買っていた1970年代にはせっせと株を買い続け、その後1995年に買った以外は1980年代および1990年代の強気相場の間は自分のポートフォリオの成長を黙って見守り続け、新規資金はすべて銀行に預けっぱなしにしていた。これはCNBCの番組を見ていたら、ついやってしまいたくなるような行動とはまったく正反対の行動である。**図3.8**を見てほしい。自制心があったおかげでこれだけのリターン

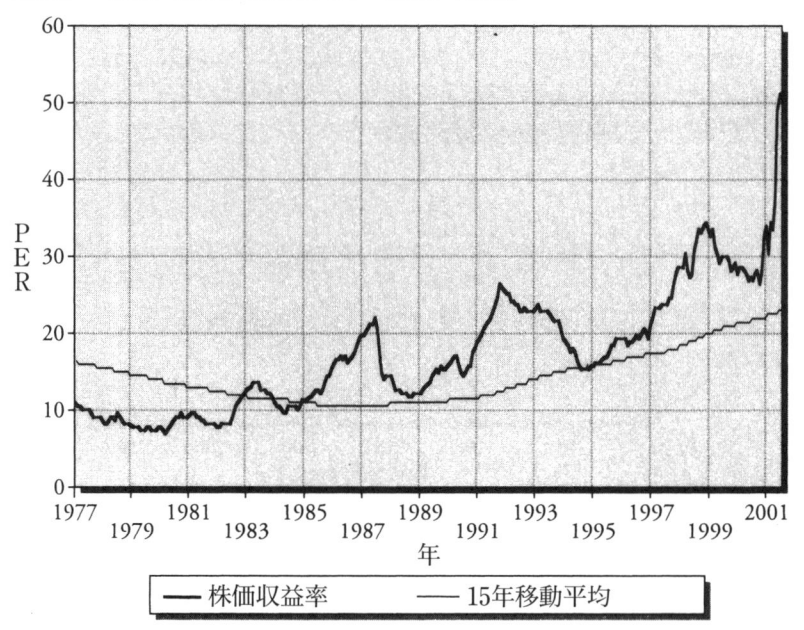

図3.7　S&P500の株価収益率（1977-2001）

が得られたのである。

　一方、ドルコスト平均法の実践者は何があろうと毎月コンスタントに100ドルずつ買い付けた結果、投じた3万ドルは最終的に7万5059ドルに増え、実質トータルリターンは150％となった。PERが長期移動平均線を下回っている月だけに200ドルずつ投資したマーケットタイマーの場合は、投じた1万8400ドル（＝2001年のドル価値ベース）が最終的には7万1090ドルに増え、実質トータルリターンは286％ということになった。株に投資した額はドルコスト平均法実践者よりも少なかったにもかかわらず、約91％も成績が良かったのである。ただし、次の投資機会を狙う間、割引短期国債（TB）で回していたため、その元本と利子相当分を合わせると1

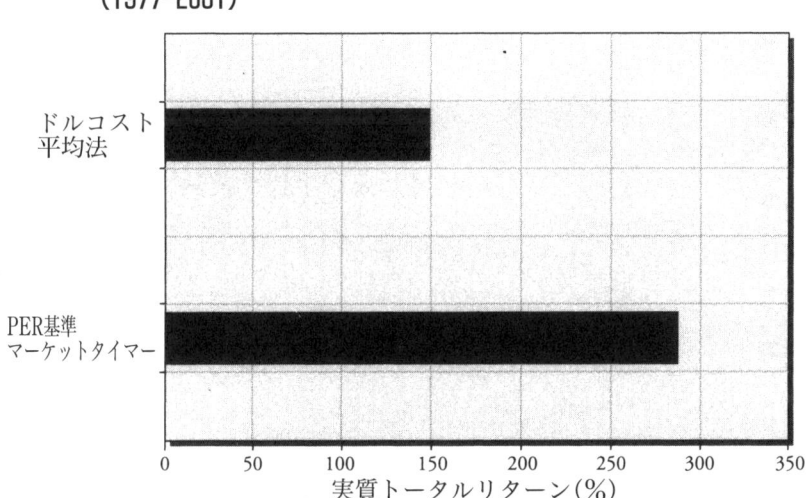

図3.8　ドルコスト平均法 vs PER基準マーケットタイミング（1977-2001）

横軸：実質トータルリターン(%)

- ドルコスト平均法：約150%
- PER基準マーケットタイマー：約290%

万4036ドルとなり、これを含めて合計すると8万5126ドルで、全体の実質トータルリターンは183％となるが、それでもドルコスト平均法実践者のリターン150％を軽く上回る成績である。

　時期を問わず「株を年中推奨」したがる金融業界の方針に逆らい、マーケットタイマーはS&P500のPER以外には何も武器を持ち合わせていないが、安く買うことによって、しっかりと好成績を上げている。しかし投資の楽園にも害虫はいる。われわれのデータは「先読みバイアス」によって不正にメリットを享受しているからだ。どういうことかというと、S&P500社の1株利益の値は通常、今四半期の数値が集計されてからでないと、手に入らないからだ。つまり、実際には収益データは四半期後にしか発表されないのである。果た

図3.9 ドルコスト平均法 vs 現実世界でのPER基準マーケットタイミング（1977-2001）

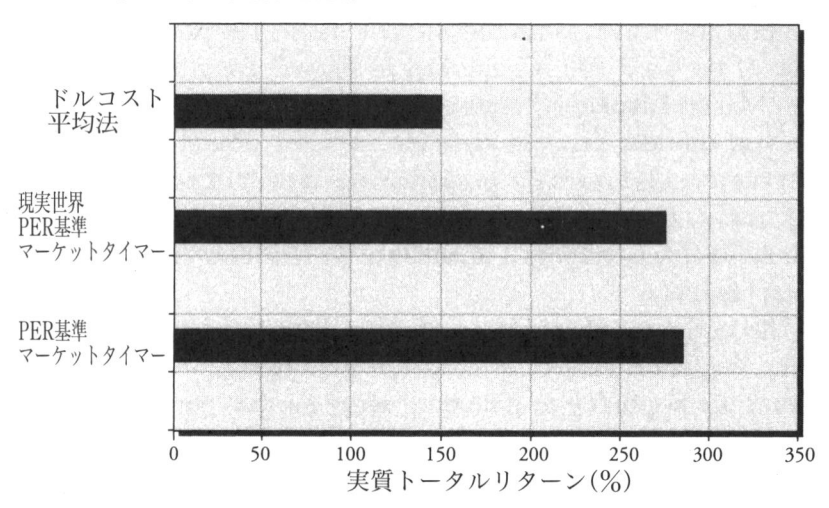

してマーケットタイマーは理論上得た恩恵を現実の世界でも得ることができるのだろうか。

そこで、現実世界での株式投資をシミュレーションするため、1977年から2001年までの月次データにタイムラグを設けることにした。この新しい現実世界のシナリオにおいても、ドルコスト平均法実践者はこれまでどおり毎月コンスタントに買いを入れていくことになるが、マーケットタイマーのほうは前四半期の収益データしか手に入らないにもかかわらず、株は現在値で買わなければならない。そこで、マーケットタイマーについては、四半期遅れで買うことにした。結果は**図3.9**に示したとおりである。

残念ながら、同期間の現実世界でのリターンは理論上のモデルを

下回っている。具体的に言うと、286%から274%に下がってしまったのだ。しかし、このくらいの差なら、それほど失望することもないだろう。PERは株式市場を評価するうえで、収益データの四半期遅れの問題をも克服するだけの威力があるということだ。

　しかし、PERなど当てにならないのではないかと疑問を抱く人もいるかもしれない。

　そう、たしかに当てにならない。その数値は企業の財務部を通って公にされるまでに、いろいろと不正操作されやすいからだ。株価自体は公開されて記録されるため、ごまかしが利かないが、問題は利益である。企業の最高財務責任者（CFO）は会社の利益（ひいては株価）にマイナスに作用しかねない項目をバランスシートから消そうと常にもくろんでいるものだ。「報告利益」「営業利益」「プロフォーマ（実質）利益」など、その定義はどうにでも解釈できる。最悪なのは「予想利益」つまり「来年度の利益」だが、これは実際のところ、水晶占いでもしないかぎり分かるものではない。本書で利用しているS&P500の実績PERは過去１年間の「報告利益」を基にした数値である。これはけっして他の利益で代用すべきではない。過去の比較を正しく行えるのは「報告利益」だけである。たしかにこれも当てになるとは言い切れないが、それでもそれなりの価値はあるものだ。とはいえ、発表されたものがまったくでたらめだとしたら、ほとんどどのタイプの投資家にとっても無用の長物となってしまうだろう。

　過去の実績が何らかのガイド役となるなら（他には考えられない）、長期派の投資家がS&P500のPERを武器にマーケットタイミングを計れば、かなりの利益を上げることは可能である。ちなみにS&P500のPERは毎週土曜日にバロンズ誌の「マーケット・ラボラ

トリー（Market Laboratory）」という欄に掲載されるが、とりあえず比較のために挙げておくと、過去100年間の平均PERは約16倍となっている。PERはデイトレーダーや目先筋には用をなさないが、保守派の投資家にとっては投資リターンを大いに押し上げるのに役立つだろう。

　最近ではCFOや監査役らによる不正操作によって企業収益にかかわることすべてが信用できなくなってしまった。投資家たちは今、利益のなかから実際に分け前にありつくことができる部分、すなわち「配当」に再び目を向け始めている。そこで今度は「配当利回り」について見ていくことにしよう。これで果たしてマーケットタイミングを読むことができるだろうか。

第4章
配当利回りとマーケットタイミング
Dividend Yields and Market Timing

　企業の利益はどのように処理されるのだろうか。
　まず、事業の維持や拡大のために再投資される。
　あるいは、市場から自社株を買い戻すために使われ、その結果、株価がつり上がることもある。
　1990年代、相場が上昇基調になると、いつの間にか多くの企業が自社の年金プランを収益源として運営するようになり、総収入をかさ上げするための第二の手段として、その運用益の一部をまた株式市場に投じるようになった。こうした株式投資による運用益が本業から得られる利益を（一時的に）上回るケースさえあった。
　最終的に企業が利益の一部をオーナーすなわち株主に直接分配するかどうかを決定するのはもう最後の手段で、このとき支払われるのが配当金である。何百年もの間、利益の主な使い道はこの配当金だったが、ここ数年、配当が利益に占める割合は急減している（ただし、支払う配当の総額は大幅に増えている）。
　最近は配当を出したがらない企業が多い。CEOたちは経営トップとして、一般株主よりも自分のほうが株主のためにもっと良い利益の使い道を考え出せると思い込んでいるのである。それに配当小

切手は現行システムではすでに企業段階で法人税が課せられているにもかかわらず、株主にとっても丸々所得税の課税対象となるからだ。所得税は分配されない収益については繰り延べられるが、将来的には税率がもっと低いキャピタルゲイン税として課税されることになるだろう。というわけで、配当は政府による二重課税の犠牲になっているのである。

とはいえ、配当が好まれる理由がいくつかある。企業が配当小切手を切り、それが銀行でちゃんと現金化できたなら、その企業は本当にそれだけの利益を上げたのだと見ていいだろう。配当金は単なる数字ではない。つまり、SEC（米証券取引委員会）や経済新聞社がうたた寝をしている間に、いかさま経営陣が勝手にでっち上げ、雇われ取締役たちが鵜呑みにし、ウォール街のだまされやすいアナリストたちがつかまされた単なる数字とは違う、ということだ。配当と利益の違いは、自分の銀行口座に実際にお金が入金されるか、CEOのサインが入った借用証書の紙切れをただ持っているだけかの違いだ。配当はたしかに時代遅れで税金面でも不利かもしれないが、その良いところは本物のお金、ということだ。

S&P500に採用されている大企業500社が支払った配当金をすべて足し合わせ、500銘柄全部の時価総額で割れば、S&P500の「配当利回り」が出る。これは企業の株価に対して、毎年、株主となっていることへの対価として見返りにもらえる金額の割合を示したものだ。配当利回りはここ100年間の間に大きく変化した。1940年には、株を買えば、約8％が配当として還元されたが、2002年には配当利回りはたったの1.4％しかない。

この現象には2つの見方がある。まず分子、つまり配当に注目すると、配当の人気が落ちたと言える。これは事実そのとおりで、ウ

第4章●配当利回りとマーケットタイミング

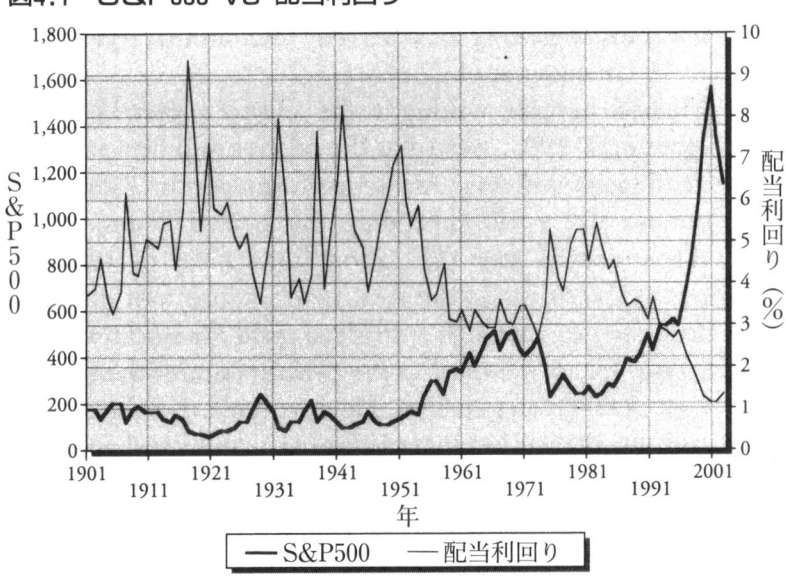

図4.1 S&P500 vs 配当利回り

ォール街でも一般的な見方とされる。次に分母、つまりS&P500社の株価に注目すると、今現在、高くなりすぎていると言える。この後者の見方にも一理ありそうだ。おそらくどちらも間違ってはいないだろう。いずれにせよ、配当利回りもまた市場価値を評価するうえでよく利用される指標で、配当利回りが高いと株価は割安、配当利回りが低いと株価は割高ということになる。

図4.1は過去100年間の実質S&P500とその配当利回りを表したものだ。大雑把に言うと、この2者の間には逆相関関係が見られる。つまり、一方が上がっているときはたいてい、もう一方が下がっている。過去100年間の配当利回りの平均は約4％だが、この平均値から大きく外れても、最終的には平均あたりに戻っていく傾向があ

ることが分かる。この「平均値への回帰」という現象を活用し、配当利回りを基準にマーケットタイミングを狙っていくことにしよう。

　この配当利回りを利用する方法は、われわれが勝手に編み出したものではない。1930年、イェール大学の経済学者アービング・フィッシャーが「投資案件の価値は、将来的に受け取れる配当の合計額を現在価値に割り戻したもの」と定義したのは有名な話だ。そして1962年にはマイロン・ゴードンがこのフィッシャーの理論をさらに追究し、配当率や過去の増配率、そしてこうした配当を現在価値に引き直すときに使う割引率を使って、株式市場の現在価値を見積もる公式を考え出した。つまり、配当と株価は切っても切り離せない関係にあるのである。

- バンガード社のジョン・ボーグルが1935年から1992年にかけて調査を行った結果、購入時の配当利回りが3.5％未満の場合、10年間のトータルリターンが年率10％以上になる確率は16分の1だったが、配当利回りが4.6％を超えると、その確率はぐんと上がり、27分の19であることが分かった。
- マイケル・ケプラーは1991年のジャーナル・オブ・ポートフォリオ・マネジメントの記事において、アメリカを含む17カ国の株式市場のパフォーマンスと配当利回りの関係を分析している。1969年から1989年にかけて3カ月ごとに配当利回りの高低に従って各市場の銘柄を4つのグループにランク分けし、それぞれについてその後3カ月間のパフォーマンスを観察した。その結果、配当利回りが最上位グループの平均上昇率は年率18％で、配当利回りが最下位だったグループの上昇率はわずか6％しかないことが分かった。
- マリオ・レビスも1989年にジャーナル・オブ・バンキング・アン

ド・ファイナンスにおいて同様の調査結果を報告している。1955年から1988年にかけてロンドン証券取引所の全上場銘柄を配当利回りによって10のグループにランク分けしたところ、配当利回りが最上位グループの翌年の平均リターンは19.3％だったが、配当利回りが最下位グループでは13.8％にしかならなかった。
● アーノットとアスネスは1871年から2001年までの調査結果をファイナンシャル・アナリスト・ジャーナルに発表している。それによると、企業の増益率は配当性向が最も高かった年に続く10年間が最高で、逆に配当性向が最も低かった年に続く10年間が最低だったという。

　配当利回りの高さと株式市場全体の関係をどのように判断したらいいのだろうか。これはガソリンスタンドでガソリン価格を判断するのと同じことだ。つまり、現在の価格とこれまでの価格を比較してみるといいだろう。**図4.2**はS&P500の配当利回りとその15年移動平均を追跡したものだ。ここでの戦略としては、配当が大きいとき、つまり、配当利回りが移動平均を上回っているときに株を購入することにしよう。**図4.2**で言えば、太線が細線よりも上にあるときがそうだ。そして企業が配当を出し惜しみするときは、こちらもつれない態度をとって、株式投資以外の別の使い道を探すことにする。つまり、配当利回りが歴史的に見て高いときは買い、低いときは買いを見送るというわけだ。

　配当利回りがトレンドライン（移動平均線）よりも上か下かで投資に差が出るものだろうか。まず、この100年間、毎年年末に株価が割高のとき（つまり、配当利回りが長期移動平均を下回っているとき）に投資したと仮定し、それからちょうど5年後、10年後、15

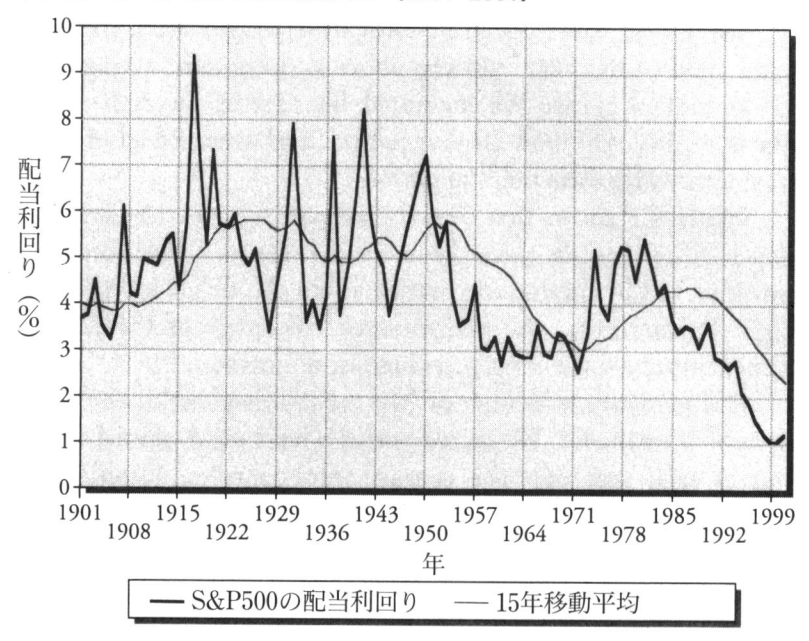

図4.2 S&P500の配当利回り（1901-2001）

年後、20年後に売却したとして、その投資リターンを算出した。例えば、1901年の年末に買ったときは、1906年、1911年、1916年、1921年の各年末に売った場合の実質トータルリターンを調べ、1902年の年末に買ったときは、1907年、1912年、1917年、1922年の各年末に売った場合の実質トータルリターンを計算する、といった具合になる。それから、各リターンを保有期間ごとに合計し、5年リターン、10年リターン、15年リターン、20年リターンの平均を割り出した。

同様に、年末時点でS&P500の配当利回りが長期移動平均を上回るとき、つまり株価が割安に見えるときに投資したケースについても、5年後、10年後、15年後、20年後の投資リターンを算出し、保

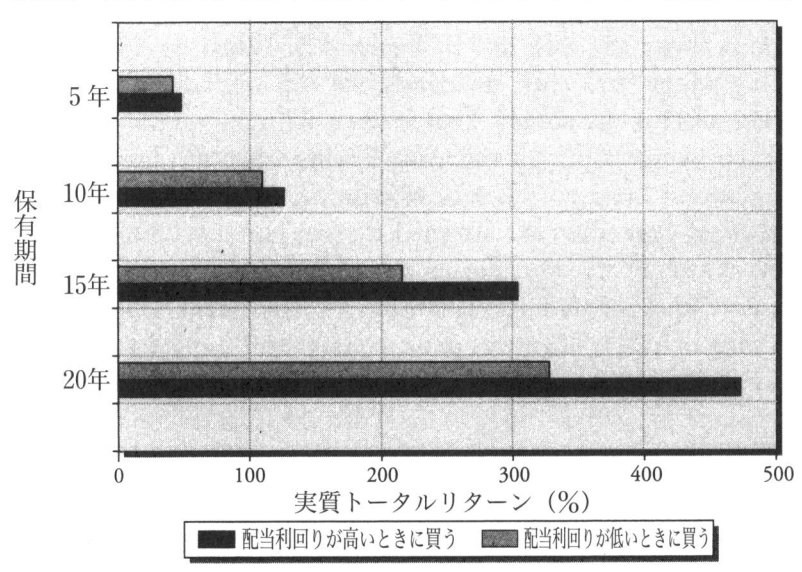

図4.3 配当利回りを基準としたマーケットタイミング（1902-2001）

[図：保有期間5年、10年、15年、20年における実質トータルリターン（％）を示した横棒グラフ。配当利回りが高いときに買う場合と低いときに買う場合を比較。横軸は0から500まで。]

有期間ごとにトータルリターンの平均を割り出した。

図4.3は過去100年間において5年、10年、15年、20年保有した場合の平均リターンを示したもので、配当利回りが高いときに投資したほうが良い結果が出ていることが分かる。さらに保有期間が長ければ長いほど、マーケットタイミングを計るメリットが大きくなることも分かった。

投資するとき、配当利回りがどのくらい高いか低いかということは重要な要素となるだろうか。そこで、過去100年間の年末時点での配当利回りが15年移動平均線に対してどの位置にあるかによって4つのグループにランク分けしてみた。配当利回りが上位25％、つまり移動平均から上方に最も大きく乖離しているグループは「高

図4.4　購入時の配当利回り別20年リターン

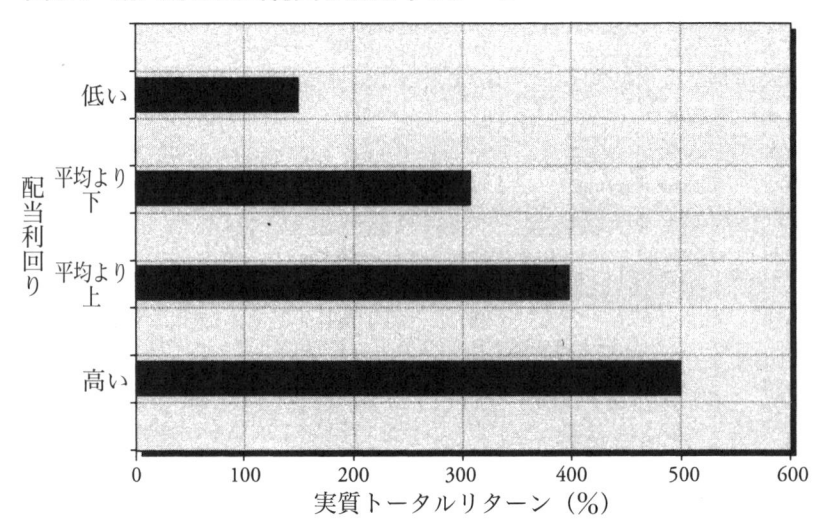

（縦軸：配当利回り　低い／平均より下／平均より上／高い、横軸：実質トータルリターン（%））

い」、移動平均線のすぐ上にあるグループは「平均より上」、移動平均線のすぐ下にあるグループは「平均より下」、下位25％のグループは「低い」とし、グループごとに20年後の実質トータルリターンをチェックした。結果は**図4.4**で示したとおりである。株式購入時の配当利回りが高いほど、リターンも高くなり、購入時の配当利回りが低いほど、リターンも低くなっていることが分かる。

表4.1は過去100年間のS&P500の配当利回りが15年移動平均に対してどの位置にあるかによって上記の4グループにランク分けし、毎年年末に投資したと仮定して、どの程度のリターンが得られるかを示している。

この表から分かることは、だれもがすでに知っていることだが、売られているときに買いにいくのがいちばん儲かるということだ。

表4.1　配当利回りを基準とした投資期間別実質トータルリターン

年	配当利回り	5年後(%)	10年後(%)	15年後(%)	20年後(%)
1902	平均より下	−11	45	0	43
1903	高い	51	51	22	69
1904	低い	32	11	−2	64
1905	低い	4	27	−33	75
1906	平均より下	5	20	−16	97
1907	高い	64	12	61	305
1908	平均より上	0	−19	12	310
1909	平均より上	−16	−26	24	229
1910	高い	22	−36	68	186
1911	高い	14	−21	87	72
1912	高い	−31	−2	148	67
1913	高い	−19	12	311	186
1914	高い	−12	48	291	189
1915	平均より下	−47	38	135	209
1916	高い	−30	64	51	318
1917	高い	43	261	143	315
1918	高い	38	409	254	439
1919	平均より下	67	342	227	409
1920	高い	163	346	488	472
1921	平均より上	135	116	498	257
1922	平均より下	152	69	189	204
1923	平均より上	268	156	290	269
1924	低い	165	96	205	242
1925	低い	70	124	118	266
1926	低い	−8	154	52	147
1927	低い	−33	15	21	72
1928	低い	−30	6	0	19
1929	低い	−26	15	29	58
1930	平均より下	32	28	115	143
1931	高い	177	65	168	355
1932	平均より上	71	80	155	426
1933	低い	52	44	71	240
1934	低い	56	75	114	443

表4.1 （続き）

年	配当利回り	5年後(%)	10年後(%)	15年後(%)	20年後(%)
1935	低い	−3	64	84	399
1936	低い	−40	−3	65	297
1937	高い	5	49	208	450
1938	平均より下	−5	12	124	473
1939	平均より上	12	37	248	540
1940	高い	68	89	413	613
1941	高い	63	176	565	1,022
1942	平均より上	42	193	422	812
1943	平均より下	19	136	505	804
1944	平均より下	22	210	470	793
1945	低い	13	205	324	639
1946	平均より下	70	309	590	729
1947	平均より上	107	268	544	933
1948	高い	99	410	662	974
1949	高い	154	367	630	670
1950	高い	171	277	556	518
1951	平均より上	141	306	388	485
1952	平均より下	78	212	400	473
1953	平均より上	156	283	440	358
1954	低い	84	188	204	96
1955	低い	39	142	128	91
1956	低い	69	103	143	118
1957	平均より下	75	180	221	118
1958	低い	49	111	79	51
1959	低い	57	65	6	44
1960	低い	74	64	38	71
1961	低い	20	44	29	18
1962	低い	61	84	25	54
1963	低い	41	20	1	50
1964	低い	5	−32	−8	33
1965	低い	−6	−21	−2	53
1966	平均より下	20	7	−2	107
1967	低い	15	−22	−4	73
1968	平均より下	−15	−28	7	83

表4.1 （続き）

年	配当利回り	5年後(%)	10年後(%)	15年後(%)	20年後(%)
1969	平均より上	−36	−13	26	167
1970	平均より上	−16	4	63	147
1971	平均より下	−10	−18	73	183
1972	平均より下	−32	−17	51	157
1973	平均より上	−16	26	115	251
1974	高い	35	96	314	429
1975	高い	24	94	195	453
1976	平均より上	−8	93	215	457
1977	高い	23	123	279	739
1978	高い	49	155	316	987
1979	高い	45	206	292	1,123
1980	高い	57	138	346	813
1981	高い	111	245	508	805
1982	高い	81	208	582	?
1983	平均より上	71	179	630	?
1984	平均より上	111	170	742	?
1985	低い	52	185	483	?
1986	低い	64	189	330	?
1987	低い	70	276	?	?
1988	低い	63	326	?	?
1989	低い	28	299	?	?
1990	低い	88	284	?	?
1991	低い	77	163	?	?
1992	低い	121	?	?	?
1993	低い	161	?	?	?
1994	低い	212	?	?	?
1995	低い	105	?	?	?
1996	低い	49	?	?	?
1997	低い	?	?	?	?
1998	低い	?	?	?	?
1999	低い	?	?	?	?
2000	低い	?	?	?	?
2001	低い	?	?	?	?

強気相場のとき（例えば1920年代、1960年代、1990年代）に買っても、かなり高いところで買うはめになるため、儲けるのは至難のわざとなる。というわけで、配当との関係で株価を見ていくことも非常に重要なのである。

配当利回りを基準とした一括投資

　5万ドルを手にした2人の投資家が20世紀のある時点で投資を行ったとしよう。ひとりは賢明なマーケットタイマーで、配当利回りが移動平均を上回っているときだけに買い、もうひとりはそうしたことにはこだわらず、好きなときにS&P500を買うことにする。

　20世紀を通して各年に投資した場合の20年後のリターンをそれぞれ算出し、2人が一括投資した場合の平均リターンがどうなっているかを見てみた。時を選ばず買いを入れる投資家については毎年年末時点での20年リターンの平均を求め、マーケットタイマーについてはS&P500の配当利回りが長期トレンドラインよりも上だった年だけを選んで、その各年を起点とした20年リターンの平均を求めた。

　20年後、配当利回りにこだわらなかった投資家の5万ドルは21万8500ドルに膨らみ、トータルリターンは337％となった。一方、配当利回りが高いときだけ投資したマーケットタイマーの5万ドルは20年後、28万3500ドルに膨らみ、トータルリターンは467％となった。これはもうひとりの投資家よりも39％も成績が良く、金額ベースでは6万5000ドル余分に儲けたことになる。ここで最悪のケース（1961〜1981年）について見てみると、配当利回りに関係なく投資を行った場合、5万ドルはたったの5万9000ドルにしかならない。20年間も保有していたことを考えると、けっして素晴らしいリター

ンとは言えない。一方、配当利回りの高いときだけに投資した場合は、最悪のケース（1912～1932年）でも5万ドルが8万3500ドルにまで膨らんでいる。これも特に素晴らしい数字というわけではないが、人間の性（さが）から言って、ノン・マーケットタイマーよりも少なくとも2万4500ドル多く、率にして約50％も成績が良かったということが分かれば、少しは慰めにもなるだろう。

ドルコスト平均法

さて、先ほどの2人がマーケットにつぎ込むだけの5万ドルものまとまった資金を持っていなかったとしたら、100年間の間ちびちびと投資していたかもしれない。ひとりはドルコスト平均法に従い、毎年年末に1000ドル（＝2001年のドル価値ベース）ずつ投資し、もうひとりの愛しきマーケットタイマーは、投資家集めのために企業が気前よく配当を払ってくれて株価が割安になっているときだけ投資することにする。つまり、年末時点で配当利回りがその15年移動平均を上回っているときだけに買うことにする。ただし、投資機会が2回に1回ぐらいしかないだろうとあらかじめ読んでいたため、投資額を2000ドルに引き上げ、様子見気分のときは、お金を銀行に預けて利子を稼ぐことにした。この2人のトータルリターンを比較したのが**図4.5**である。

ドルコスト平均法実践者は全投資額10万ドルに対して実質トータルリターン951％という素晴らしい成績を残し、最終的な評価額は105万1008ドルとなった。一方、マーケットタイマーの実質トータルリターンは1235％で、投資額は8万4000ドルだけだったにもかかわらず、最終的な評価額は112万1786ドルにまで膨れ上がった。こ

図4.5　ドルコスト平均法 vs 配当利回りを基準としたマーケットタイミング（1902-2001）

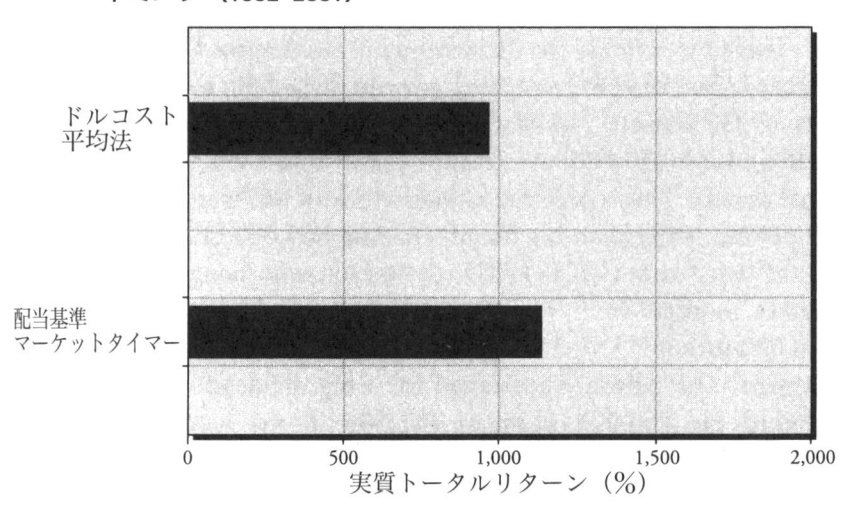

れはもう一方の投資家よりも30％もリターンが高いことになる。おかげで多少余裕のある生活もできるし、銀行に預けておいた待機資金には利子まで付いている。

1977〜2001年

過去25年間の配当利回りについて検証するときも、これまでと同じことの繰り返しとなる。ドルコスト平均法実践者は毎月月末に100ドルずつせっせとマーケットにつぎ込み、マーケットタイマーは200ドルずつ投資するが、図4.6で示したように、S&P500の配当利回りが15年移動平均を上回っているときだけ投資することにする。

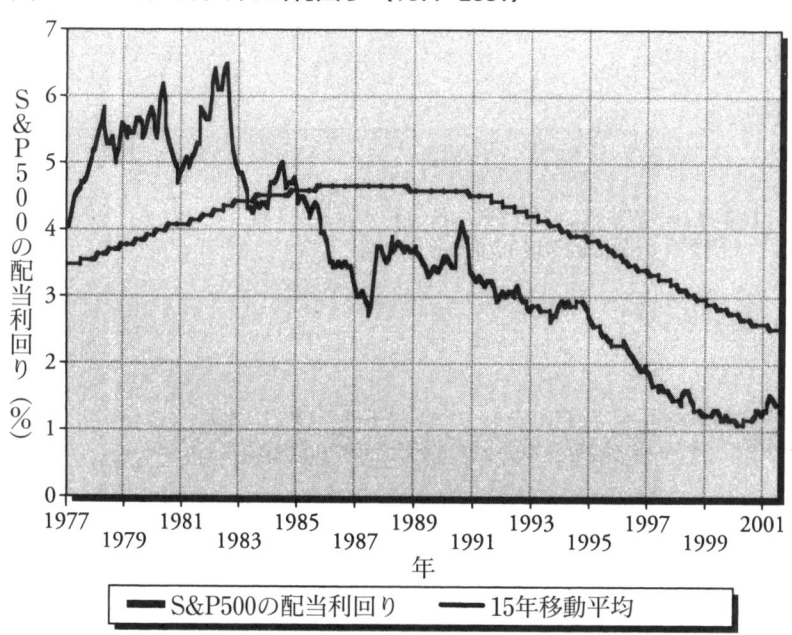

図4.6　S&P500の配当利回り（1977-2001）

（縦軸：S&P500の配当利回り（%）、横軸：年）

凡例：——S&P500の配当利回り　——15年移動平均

　ここでもおなじみのパターンが見られる。配当利回りを指標としたマーケットタイマーは1980年代半ばまでは株を購入し続けるが、その後はずっと見送ることになる。過去四半世紀にわたる2人の運用成績は**図4.7**に示したとおりである。

　ドルコスト平均法実践者はこの期間内に3万ドルを投資し、結果として最終取り分は7万5059ドル、トータルリターンは150％となった。一方、配当利回りを投資尺度として利用したマーケットタイマーは投資額1万7600ドルを6万8123ドルに増やし、その実質トータルリターンは285％となった。ただし、株式投資を見送っていた期間は待機資金を無リスクの割引短期国債（TB）につぎ込んでいたため、マーケットタイマーの手元には別に1万4651ドル（元本＋

図4.7 ドルコスト平均法 vs 配当利回りを基準としたマーケットタイミング（1977-2001）

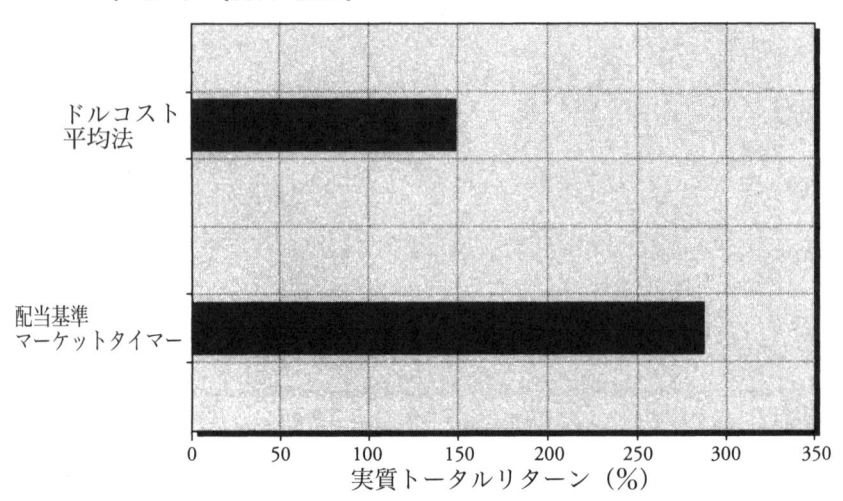

インフレ調整済みの利息）もあり、これらを含めると、合計金額はさらに増え、8万2774ドルとなる。

　マーケットタイマーにとって配当利回りは特別な訓練を受けなくても市場全体の価値評価ができる便利なツールなのである。配当利回りが高いときは、マーケットは安くなっているものだ。S&P500の直近の配当利回りについては毎週、バロンズ誌の「マーケット・ラボラトリー（Market Laboratory)」という欄に掲載されている。参考までに挙げておくと、過去25年間のS&P500の配当利回りの平均は3.4%なので、これと比較してみるといいだろう。

　とはいえ、「配当なんて時代遅れじゃないの？」と、お思いになるかもしれない。

1990年代の高度成長期には配当の話などほとんど悪趣味とさえ思われていた。当時、配当はネット事業にまだ参入していない従来型のブリック＆モルタル（伝統的な企業）のためにあるものだったのである。流行に敏感なCEOたちは、たとえ5セントでも、会社の利益を手放そうとはしなかったし、利益の話をすることさえ軽蔑していた。市場シェアを拡大することだけで精いっぱいだったのである。しかし、この手のネット企業の株に手を出した結果、まるで葉巻が爆発したかのように派手にやられてしまった今、昔ながらの「お金」を懐かしがる風潮が出てきている。配当が与えてくれる安心感や現実感を人々が求めるようになったため、死に物狂いのCEOたちは投資家を再び市場に呼び戻すために配当を出さざるを得なくなっているのかもしれない。これはまた企業の役員や取締役たちに健全な規律を与えることにもなるだろう。株主に支払うために本物のキャッシュが必要となれば、いかにも成功しているかのように取り繕うために勝負に出たり、ありもしない大金をあちこち動かしたりしてはいられなくなるはずだ。政府が配当金への二重課税を廃止すれば、物事はもっと単純明快になるだろう。

第5章
基本的価値
Fundamental Value

　マーケットタイミングを計るためにこれまでとってきたアプローチは、いずれも株式市場の外的な特質すなわち株価や企業収益、配当利回りなどに基づいていたが、別のアプローチをしてみたらどうなるだろうか。会計士を総動員して、S&P500に採用されている全企業の総価値を判定し、この数字と直近の市場価値とを比較してみたら、マーケットが買われ過ぎか売られ過ぎかを直接判定できる指標になるのではないだろうか。

　これには方法が2つある。そのひとつは、仮にある企業が消失したとして、その企業を元に戻すのに（再取得するのに）どのくらいの費用がかかるか調べる方法である。これはノーベル経済学賞を受賞したイェール大学のジェームズ・トービン教授が採用していたアプローチである。企業の株式時価総額をその企業の再取得費用（つまり、企業の物的資産やライセンス、著作権、特許などの総価値）で割って求めるもので、この比率を「トービンのq」という。これは直接的に企業価値を評価する方法で、市場を構成している個別企業と同じように株式市場全体を対象にして算出することもできる。この比率が高いときは、企業に対する市場評価が再取得費用よりも

高い、つまり株式市場は過大評価されているということになり、逆に比率が低いときは、株式市場が過小評価されていることになる。

　基本的価値を判定するもうひとつの方法は、企業のバランスシート（貸借対照表）を見て、総資産額から負債総額を差し引いて求める。これもまた企業価値を評価する方法のひとつで、簿価ベースでの「純資産額」を見るものだ。これは建前上、市場価値に対して企業の〝真〟の価値とされ、株式時価総額をこの純資産額で割った値（あるいは株価を１株当たり純資産で割った値）がPBR（株価純資産倍率）となる。このPBRも個別企業と同様、S&P500のような企業群についても算出することができる。PBRが高ければ、市場は割高とされ、逆にPBRが低ければ、魅力的ということになる。株式市場が割高か割安かを直接的に評価する第二の方法がこれなのだ。

　しかし、いずれのアプローチにも批判の声が聞かれる。トービンのqは土地や機械装置などの有形資産に焦点が置かれており、知的財産やブランドネームの価値を過小評価していると言われている。例えば、コカ・コーラやウォルト・ディズニーなどのブランドネームは、仮に明日、瓶詰め工場やテーマパークがすべて消失してしまったとしても、グローバル市場において相当な価値があることに変わりはない。

　一方、PBRは会計方針の変更によって影響を受けやすいため、計算のやり方次第で値が変わることになる。例えば、減価償却費を何年かけてどう償却していくか。これによってフォード社が自社工場の価値を帳簿上ゼロにすることもあるわけだが、実際の公開市場においては同社の土地や工場は何百万ドルもの価値がある可能性もあるのである。スプリント社の場合も、光ファイバーケーブルやコンピューター、スイッチなどの資産価値が帳簿上では何百万ドルと

なっていても、明日、処分品の特売をしてみれば、はした金にしかならないかもしれない。実際、こうしたことが最近、通信業界に起こったばかりである。

　どちらのアプローチ法も完全とは言えないが、特に個別の企業ではなく、市場全体に焦点を当てれば、トービンのqもPBRもかなり正確な価値評価が可能であるという事実を忘れてはならない。この両者には非常に高い相関関係が見られることからも、その有効性には強い確信を持っている。例えば1977年以降、99％の確率で、トービンのqが高いときにはPBRも高く、トービンのqが低いときにはPBRも低くなっていたのである。

　では、株式の市場価値評価の尺度としてトービンのqとPBRがあまり好まれないのはどうしてだろう。その理由はこうだ。インターネットブームのとき、どちらの評価基準で判断しても、株価は高すぎるという結果が出た。このため、証券会社としては株を販売するのに都合が悪かったというわけだ。しかも、株は上がり続けていたため、この基準は間違っているように見えた――つまり、時代遅れのブリック＆モルタル経済の古い遺物のように思われたのだ。しかし、株価の上昇局面は終わりを告げたどころか、今度は急落し、そのときになってやっと人々は、今まで無視してきたトービンのqやPBRといった株式購入時に指標となるファンダメンタル系の価値評価尺度の重要性を再認識し始めたのである。

　ベンジャミン・グレアムは基本的価値を株式の銘柄選択基準リストのトップに掲げ、株を買うなら、市場価値が純資産価値の65％以下に下がったときに買うべきだと投資家に勧めていた。1986年、ヘンリー・オッペンハイマー教授はグレアムの手法による調査結果をファイナンシャル・アナリスト・ジャーナルに発表している。

●オッペンハイマーは1970年から1983年までの13年間にわたり、グレアムの基準に従って1株当たり純資産の65％以下に値下がりしたアメリカ株の動きを観察した。こうした低PBR銘柄を1年間保有し、翌年また基準に見合う銘柄に乗り換えていく、といったことを毎年繰り返した結果、13年間の年平均リターンは29％になったが、同期間におけるNYSE（ニューヨーク証券取引所）およびAMEX（アメリカン証券取引所）の全上場銘柄の平均リターンは12％しかなかったことが分かった。

●ロジャー・イボットソンは1967年から1984年にかけて、PBRを基準にNYSE上場銘柄を10のグループにランク分けして調査を行った。結果、PBR最上位グループの翌年の年平均リターンは6％だったが、PBR最下位グループのリターンは14％に上ることが分かった。

●デボンとセイラーは1960年代から1970年代にかけてPBRを基準にNYSEおよびAMEXの全上場銘柄を5つのグループにランク分けし、各グループの4年リターンをさかのぼって調査した。結果、PBR最下位グループの4年リターンは市場全体よりも41％も高かったが、PBR最上位グループの4年リターンは市場全体よりも1％低かったことが分かった。

●ラコニショック、ビシニー、シュライファーの調査グループは1968年から1990年にかけてPBRを基準にNYSEおよびAMEXの全上場銘柄を10のグループにランク分けした。それから5年後、PBR最上位グループの年平均リターンが9％であったのに対して、PBR最下位グループの年平均リターンは20％であることが分かった。

●モルガン・スタンレー投信によれば、国際株式のデータベースに

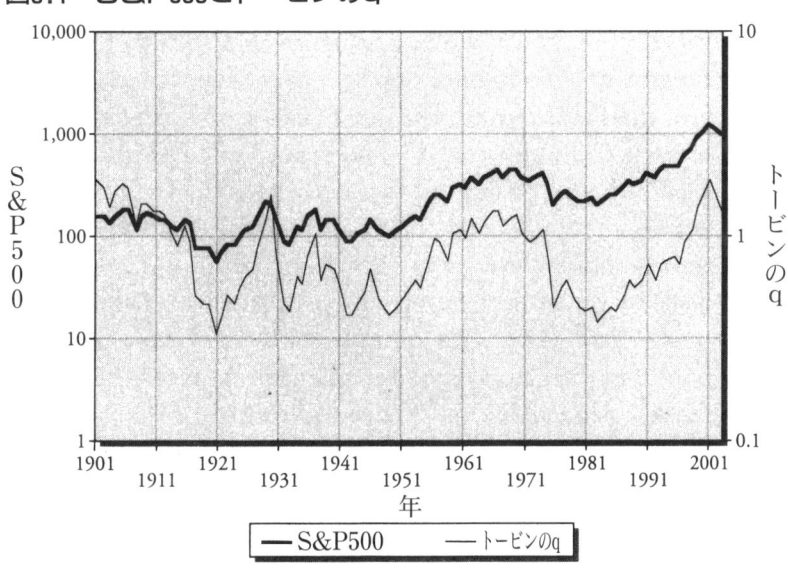

図5.1　S&P500とトービンのq

おいても同じ傾向が見られるという。世界の先進国市場を調べたところ、低PBR銘柄のほうが高PBR銘柄よりもリターンが並外れて大きいことが分かっている。

こうした基本的価値の評価尺度を銘柄選択のためではなく、マーケットタイミングを計るために利用することは可能だろうか。

図5.1は過去100年間のトービンのqと株式市場の推移を示したものだが、連動しているのがよく分かる。

トービンのqを使ってマーケットタイミングを読むために、qの直近値とその長期トレンドライン（15年移動平均線）を比較してみたのが**図5.2**である。ここではトービンのq——つまり、全企業の株式時価総額をその基本的価値（再取得費用）で割った値——がそ

図5.2 トービンのq (1902-2001)

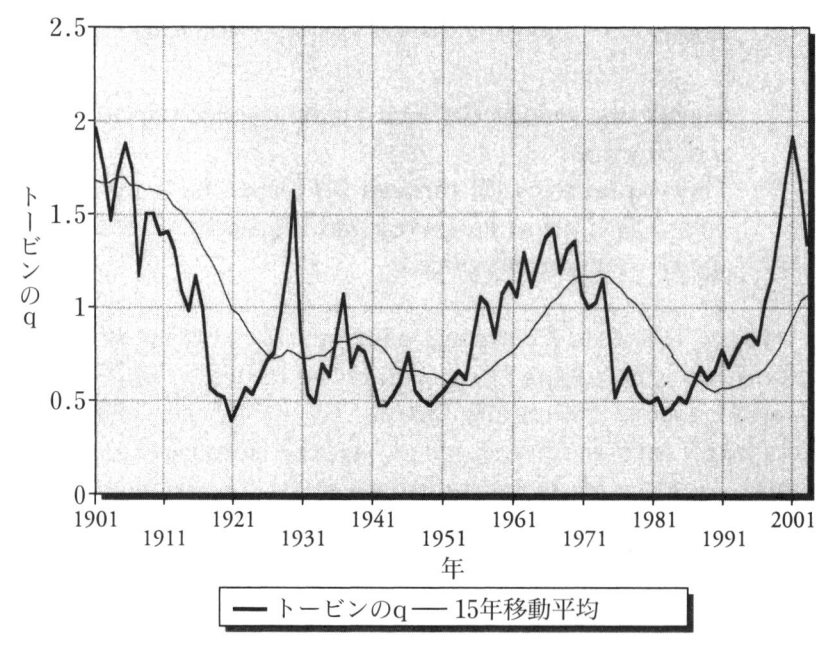

の長期移動平均線よりも下のときに買いを入れることにする。

今回もこれまでとやり方は同じである。

①トービンのqが15年移動平均よりも上か下かで100年間の各年を分類する。

②トービンのqが移動平均よりも上、つまり市場が割高の年の年末にS&P500を買う。

③買い付けてから5年後、10年後、15年後、20年後の実質トータルリターンを保有期間ごとに算出する。

④5年、10年、15年、20年といった保有期間ごとに平均リターンを算出する。

⑤トービンのqが移動平均よりも下、つまり市場が割安の年につ

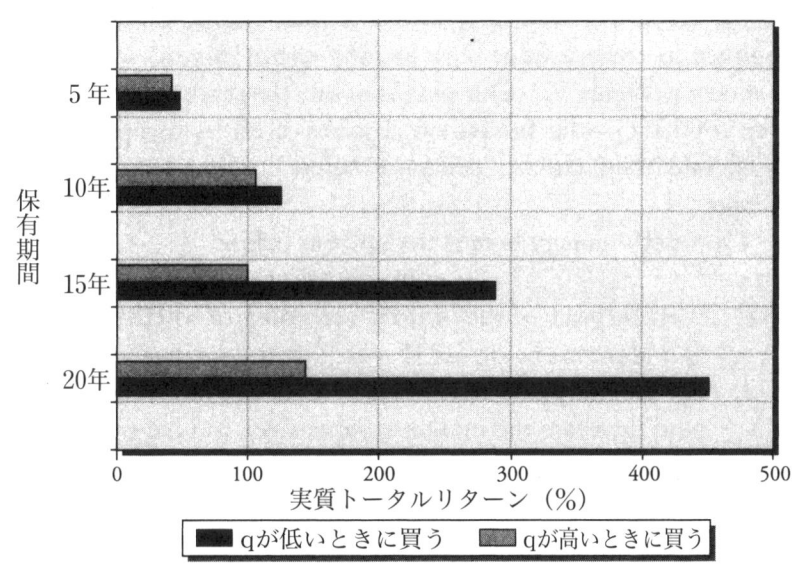

図5.3 トービンのqを基準としたマーケットタイミング（1902-2001）

縦軸：保有期間（5年、10年、15年、20年）
横軸：実質トータルリターン（%）
凡例：qが低いときに買う／qが高いときに買う

　いても、同様に②から④までの作業を行う。

　図5.3は過去100年間にトービンのqが15年移動平均よりも上あるいは下のときにS&P500を購入した場合の平均リターンを示したものだ。保有期間にかかわらず、トービンのqが移動平均を下回っているときに買ったほうが良い結果が出ているが、保有期間が長くなるほどリターンが大きくなっている。逆にトービンのqが移動平均を上回っているときに買ったケースでは、気の毒なことに10年後よりも15年後のほうが結果が悪くなっている。

　トービンのqが移動平均に対してどのくらい上か下かによって、結果は変わってくるものだろうか。そこでトービンのqが長期移動平均線に対して、どの位置にあるかによって過去100年間の各年を

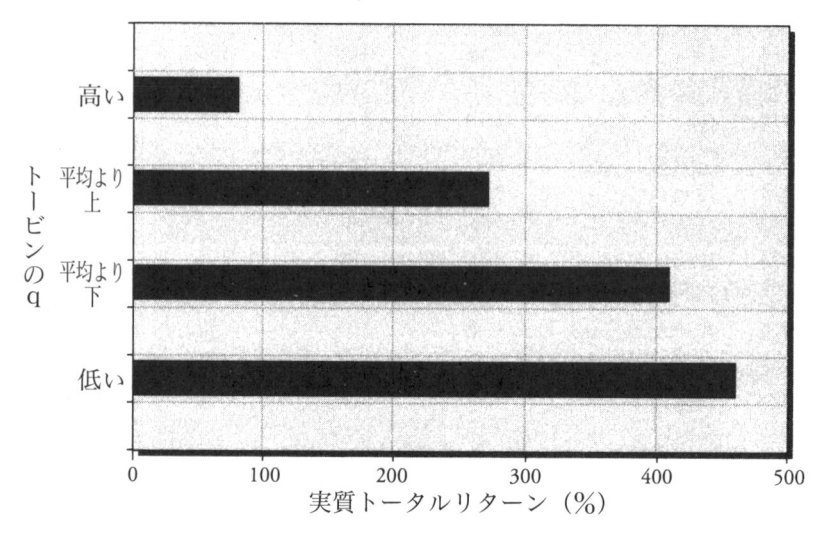

図5.4 購入時のトービンのq高低別20年リターン

4つのグループにランク分けした。やり方はこれまでと同じである。
① 上から25％を「高い」、次の25％を「平均より上」、長期移動平均線のすぐ下の25％を「平均より下」、下から25％を「低い」グループとする。
② 毎年、投資をしたとして、グループごとにそのパフォーマンスをチェックする。つまり、毎年年末にS&P500を買い、20年間保有した後に売却したとして、その実質リターンを算出する。
③ グループごとに20年リターンの平均を出す。

その結果を示したのが**図5.4**である。トービンのqが長期移動平均線に対して「上か下か」ということだけでなく、「どのくらい上か下か」ということも非常に重要であることが分かる。

結果、企業の再取得費用に比べて、べらぼうなプレミアムの付いた株を買った投資家は、自分の犯した過ちのせいで大きな代償を払うことになった。

　94～96ページを見てほしい。**表5.1**は過去100年間に毎年投資したとして、そのときのトービンのqのレベル次第でリターンがどうなったかを示している。つまり、トービンのqが年末に15年移動平均線に対してどのくらい上あるいは下に位置しているかによって上記の4グループにランク分けし、毎年年末に株を購入したとして実質トータルリターンを算出した。

基本的価値を基準とした一括投資

　突然まとまったお金を手にした投資家が株式市場絡みで2つの選択を迫られたとしよう。まず、「株は長期保有するもの」というアプローチに従い、持ち金を即座に市場に投じる。理論的には、たとえ最初につまずいたとしても、長期保有すれば必ず初期投資額を上回るリターンを上げてくれることになっているからだ。また、もうひとつの選択肢として値ごろ感が出るまで様子を見ることもできる。

　5万ドルずつ持っている2人の投資家が20世紀のある時点で株式に投資したとする。ひとりはトービンのqを使って買いのタイミングを計り、もうひとりは年末に気が向けばいつでも買うことにする。ここでもこれまでと同じように過去100年間における20年リターンを年ごとに算出し、2人の投資家の平均リターンを調べた。「いつでも買う投資家」については、過去100年間、各年を起点に20年間保有したと仮定して平均リターンを計算し、マーケットタイマーについては、トービンのqが15年移動平均を下回っている年、つまり

表5.1　トービンのqを基準とした投資期間別実質トータルリターン

年	トービンのq	5年後(%)	10年後(%)	15年後(%)	20年後(%)
1902	平均より上	−11	45	0	43
1903	低い	51	51	22	69
1904	平均より上	32	11	−2	64
1905	高い	4	27	−33	75
1906	平均より上	5	20	−16	97
1907	低い	64	12	61	305
1908	低い	0	−19	12	310
1909	低い	−16	−26	24	229
1910	低い	22	−36	68	186
1911	低い	14	−21	87	72
1912	低い	−31	−2	148	67
1913	低い	−19	12	311	186
1914	低い	−12	48	291	189
1915	低い	−47	38	135	209
1916	低い	−30	64	51	318
1917	低い	43	261	143	315
1918	低い	38	409	254	439
1919	低い	67	342	227	409
1920	低い	163	346	488	472
1921	低い	135	116	498	257
1922	低い	152	69	189	204
1923	低い	268	156	290	269
1924	平均より下	165	96	205	242
1925	平均より下	70	124	118	266
1926	平均より上	−8	154	52	147
1927	高い	−33	15	21	72
1928	高い	−30	6	0	19
1929	高い	−26	15	29	58
1930	平均より上	32	28	115	143
1931	平均より下	177	65	168	355
1932	低い	71	80	155	426
1933	平均より下	52	44	71	240
1934	平均より下	56	75	114	443

表5.1 （続き）

年	トービンのq	5年後 (%)	10年後 (%)	15年後 (%)	20年後 (%)
1935	平均より上	−3	64	84	399
1936	高い	−40	−3	65	297
1937	平均より下	5	49	208	450
1938	平均より下	−5	12	124	473
1939	平均より下	12	37	248	540
1940	低い	68	89	413	613
1941	低い	63	176	565	1,022
1942	低い	42	193	422	812
1943	低い	19	136	505	804
1944	平均より下	22	210	470	793
1945	平均より上	13	205	324	639
1946	平均より下	70	309	590	729
1947	低い	107	268	544	933
1948	低い	99	410	662	974
1949	低い	154	367	630	670
1950	平均より下	171	277	556	518
1951	平均より上	141	306	388	485
1952	平均より上	78	212	400	473
1953	平均より上	156	283	440	358
1954	高い	84	188	204	96
1955	高い	39	142	128	91
1956	高い	69	103	143	118
1957	高い	75	180	221	118
1958	高い	49	111	79	51
1959	高い	57	65	6	44
1960	高い	74	64	38	71
1961	高い	20	44	29	18
1962	高い	61	84	25	54
1963	高い	41	20	1	50
1964	高い	5	−32	−8	33
1965	高い	−6	−21	−2	53
1966	平均より上	20	7	−2	107
1967	高い	15	−22	−4	73

表5.1 （続き）

年	トービンのq	5年後(%)	10年後(%)	15年後(%)	20年後(%)
1968	高い	−15	−28	7	83
1969	平均より下	−36	−13	26	167
1970	低い	−16	4	63	147
1971	低い	−10	−18	73	183
1972	平均より下	−32	−17	51	157
1973	低い	−16	26	115	251
1974	低い	35	96	314	429
1975	低い	24	94	195	453
1976	低い	−8	93	215	457
1977	低い	23	123	279	739
1978	低い	49	155	316	987
1979	低い	45	206	292	1,123
1980	低い	57	138	346	813
1981	低い	111	245	508	805
1982	低い	81	208	582	?
1983	低い	71	179	630	?
1984	低い	111	170	742	?
1985	平均より下	52	185	483	?
1986	平均より上	64	189	330	?
1987	平均より上	70	276	?	?
1988	高い	63	326	?	?
1989	高い	28	299	?	?
1990	高い	88	284	?	?
1991	高い	77	163	?	?
1992	高い	121	?	?	?
1993	高い	161	?	?	?
1994	高い	212	?	?	?
1995	高い	105	?	?	?
1996	高い	49	?	?	?
1997	高い	?	?	?	?
1998	高い	?	?	?	?
1999	高い	?	?	?	?
2000	高い	?	?	?	?
2001	平均より上	?	?	?	?

株が割安と思える年にだけ投資したと仮定して20年リターンの平均を算出した。

20年リターンを平均すると、マーケットタイマーの投資金は450％も増えて27万5000ドルとなり、トービンのqを利用しなかった投資家よりも34％もリターンが高かった。ちなみに、もうひとりの投資家の投資額5万ドルは21万8500ドルにしかならず、その実質トータルリターンの平均も337％にとどまっている。

基本的価値を基準としたドルコスト平均法

過去100年間、ドルコスト平均法に従って、毎年年末に1000ドルずつ株式市場に投じた投資家の場合、その投資額10万ドル（2001年のドル価値ベース）は2001年末に105万1008ドルに増え、実質トータルリターンは951％となった。一方、マーケットタイマーは投資機会がだいたい2回に1回ぐらいだろうと読んでいたため、1回の投資額を2倍に増やし、トービンのqが長期移動平均を下回っているときだけ資金を投じた。その投資額10万8000ドルは最終的には156万9933ドルに膨れ上がり、実質トータルリターンは1354％となった。つまり、もう一方の投資家よりも約42％も成績が良かったことになるが、その両者のリターンを比較したのが図5.5である。

1977〜2001年

次に過去25年間に目を向けるが、ここでは少しやり方を変えていくことにする。過去100年間を見ていったときは、各年のトービンのq（＝企業の市場価値÷再取得費用）を尺度として利用したが、

図5.5 ドルコスト平均法vsトービンのqを基準としたマーケットタイミング（1902-2001）

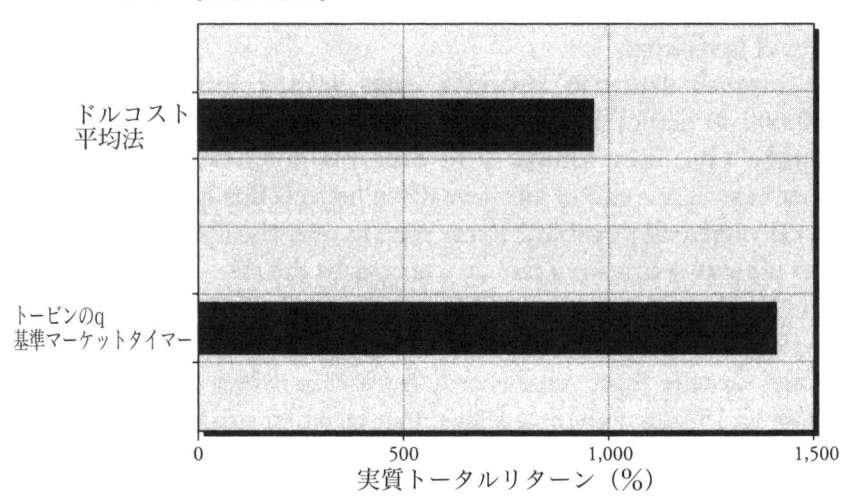

[図：横棒グラフ。縦軸にドルコスト平均法、トービンのq基準マーケットタイマー。横軸は実質トータルリターン（％）で0から1,500まで。ドルコスト平均法は約950、トービンのq基準マーケットタイマーは約1,400。]

それは実際にデータが存在したからである。これはスティーブン・ライト教授とアンドリュー・スミザーズの功績によるもので、トービンのqに関する2人の共著『バリューイング・ウォール・ストリート（Valuing Wall Street）』はお薦めの1冊である。しかし残念ながら、トービンのqについては過去25年間の月次データが手元になく、いろいろ探してみたが、データは見つからなかった。そこで、この期間に関しては、基本的価値を測定する他の尺度、すなわちPBR（株価純資産倍率）＝時価総額÷（資産－負債）を利用することにする。これならトービンのqと密接な相関関係にあるからだ。

もうひとつ白状しておくと、他の研究者なら見つけることができるのかもしれないが、PBRについても、われわれは1977年以降の

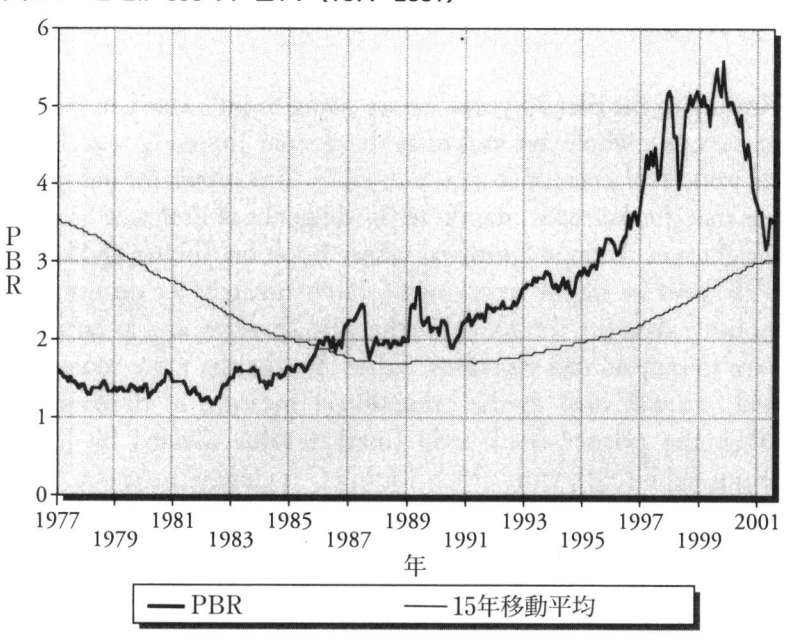

図5.6　S&P500のPBR（1977-2001）

（グラフ：縦軸 PBR 0〜6、横軸 年 1977〜2001、PBRと15年移動平均）

データしか見つけられなかった。これまでの測定基準と同様、今回も1977年から始めて各月のPBRとその移動平均とを比較したいのだが、そのためには1962年からのデータが必要となる。この空白をどうやって埋めるかが問題だったが、「回帰分析」という統計手法を使い、1962年から1976年までのトービンのqをベースに1977年以前のPBRの数値を再現することにした。幸い、トービンのqとPBRには密接な相関関係が見られるため（統計的に見ると、相関関係の確かさは98％）、これらの推定値には自信を持っていいと言えるだろう。

それにPBRのデータなら毎月どころか毎週手に入るし、広く利用されているため、先々のことを考えると、トービンのqよりも便

図5.7　ドルコスト平均法 vs PBRを基準としたマーケットタイミング

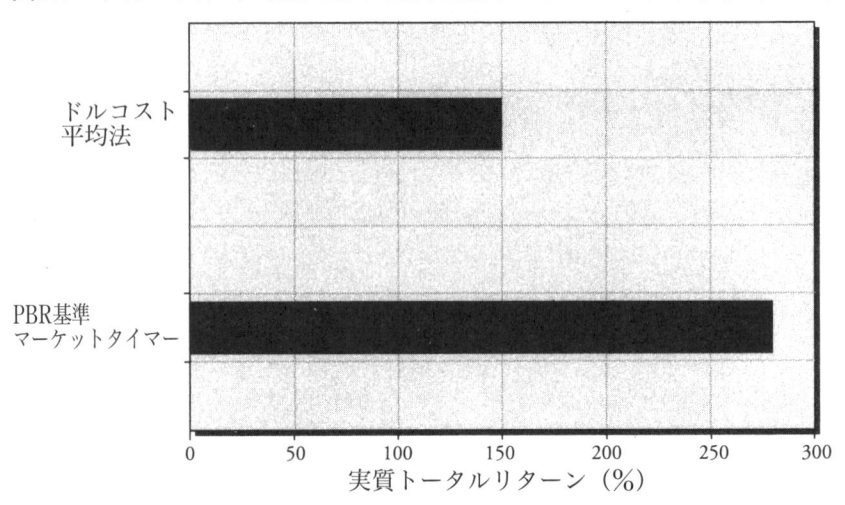

利である。

　図5.6を見てほしい。これは1977年から2001年までのS&P500のPBRと、部分的に再現した15年移動平均線を並べて示したものだ。ここでは企業価値に対する市場評価が低いとき、つまりPBRがその15年移動平均を下回っているときに買うことにする。

　ここでもまた2人の投資家が別々の方法で市場に参加していく。1977年を起点にドルコスト平均法実践者は毎月月末に100ドルずつS&P500を購入し、マーケットタイマーはPBRを基準にマーケットが割安な月にだけ200ドルずつ投資する。

　300カ月後（つまり25年後）の運用成績は次のとおりである。ドルコスト平均法実践者が投じた3万ドル（2001年のドル価値ベー

ス）は2001年末に7万5059ドルとなり、そのトータルリターンは150％となった。一方、マーケットタイマーは同じ期間に2万2000ドルしか投資しなかったが、それが今や8万3435ドルに増え、その実質トータルリターンは279％となり、前者よりも86％も高かった。**図5.7**が両者のリターンを示したものだ。なお、これにはマーケットタイマーが現在保有している9453ドル相当の割引短期国債（TB）は含めていない。

　純資産というファンダメンタル指標が未来について多くを語ってくれるのは明らかである。S&P500社の市場価値とその簿価ベースの純資産価値あるいは再取得費用とを比較することで、かなり有効な予測を立てられることが分かった。PBRは毎週バロンズ誌にも掲載されているが、本書では、計算方法が微妙に違うが、スタンダード・アンド・プアーズ（S&P）社が出している一連のデータを使用している。また、こうしたデータはウエブサイト（http://www.barra.com/research/fundamentals.asp/）でも入手可能である（**訳者注** http://www.barra.com/から入って、Reseach & Indexes → Research Data Base → S&P/Barra Indexes → Fundamentalsをクリックする）。大まかな指針として言っておくと、過去25年間のS&P500の平均PBRは2.3倍である。

　市場評価の判断材料として、あと3つの指標、すなわちPSR（株価売上高倍率）、PCFR（株価キャッシュフロー倍率）、債券利回りについても検討していくことにしよう。

第6章

債券、株価キャッシュフロー倍率、株価売上高倍率
Bonds, Price-to-Cash Flow, Price-to-Sales

　株式ブローカーから見れば、この世のなかにある投資対象といえば、ひとつしかない。すなわち株である。株とは素晴らしいものであり、どんなときでも買うべきものなのだ。

　しかし資産の配分先として株を選択するかどうかを含め、資産配分をどうするかについての選択権を持っているのは投資家である。一日中、CNBCの番組を見ているようでは、株とはまったく別の投資適格な金融商品があることなど、ほとんど気づかないかもしれないが、投資先として株と対等に張り合うことのできるアセットクラスが「債券」である。

　債券とは、資金を調達するときに発行される一種の借用証書（IOU）のことだ。例えば、企業の場合、起債によって調達した資金を利用してその利払い費用よりも儲けが出ると判断すれば、債券を発行する。覚えておいてほしい。新規株式公開（IPO）後に市場でいくら株が売買されても、企業には一銭もお金は入らない。このため、新しい財源を得るには、企業収益か、新株発行による増資に頼るか（この場合、発行済み株式の価値が希薄化される）、起債を通じてお金を借りるしかないのである。

値上がりを期待して株式を買う一方で、変動の大きい株式市場のバラスト役として債券を購入するのが昔からの知恵である。こうしておけばトータルリターンは下がるが、安定感が出ることはたしかだ。

　債券には約27種類あるが、いずれも利子付きで返済されることを期待してお金を貸すことになる。この点で、債券は株式に匹敵するものと言えるだろう。というのも、株の場合も、今、資金を投じると、将来的な収益の流れにかかわっていくことになるからだ。株を保有することで、その企業を一部所有していることになるが、社債を保有することは、その企業に対して通常、固定利子付きでお金を貸していることになるのである。これら2つの投資対象には際立った特徴がある。まず、株の場合、値上がり益が期待できる（もっとも、債券の場合も、金利が下がってクーポン価値が高まるか、発行体の元利払い能力の安全性が高まれば、値上がりする可能性がある）。同じ理由で、債券は金利が上がれば、通常、値下がりするが、企業が万一倒産して、その財産が分配されることになったときは、社債権者のほうが株主よりも優先されることになる。

　債券は通常、クーポンがあらかじめ定められていて、「直接利回り」（直利）という形で利回りを算出することができる。一方、株のほうは「益回り」（株価収益率の逆数）という形で利回りを出すことができる。したがって、株式市場と債券市場はこの益回りと直利を調べることによって、直接比較することが可能なのである。本書でこれまで取り上げてきた尺度（株価、株価収益率、配当利回り、基本的価値）はいずれも株式市場内部のものばかりだったが、株式と債券の利回りを比較することによって、株式市場を評価する外的尺度として理論上、債券市場を利用できることになるのである。

株式と債券の関係から株式が適正評価されているかどうかを見るための数式を考案しようとした人がいる。これがいわゆる「FEDモデル」である。ここで「いわゆる」と言ったのは、FED（＝FRBすなわち米連邦準備制度理事会）がこのモデルを本当に指標として採用しているかどうか、はっきりしていないからだ。とあるFEDモデルによれば、予想利益をベースにした株式益回りが長期国債の利回りと同じであれば、その株式市場は適正水準にあるとされる。したがって、株式益回りが長期国債の利回りよりも高ければ、株は買い時ということになる（**訳者注**　ここでは「長期国債」とあるが、通常は10年物Tノートの利回りを使う）。逆に国債の利回りのほうが高ければ、株は割高ということで、今後は値下がりするだろうから、国債のほうを買うべきである。

　ただし、FEDモデルなど当てにならないとも言える。正確な予想利益など、だれにも分からないからだ。だれかに依頼して数字を集計してもらったところで、それが当たるとは限らないのである。昨年の利益をその企業の取締役会から聞き出そうとしても、それが信頼できるかというと、それも疑わしいものだ。このように予想利益が不確実である以上、FEDモデルは頼りない尺度にしかなり得ないのである。この方法で未来を予測することなど、実にもどかしい作業である。

　FEDモデルに関するもうひとつの問題はもっと微妙なことだ。株式益回りをなぜ「国債」の利回りと比較しなければいけないのだろうか。米国債はアメリカ合衆国の十分な信頼と信用によって保証されているため、事実上、無リスクと考えられている。国債の印刷所および内国税歳入局（IRS）を管轄しているのは財務省なので、少なくとも額面金額はまず間違いなく戻ってくるだろう。

FEDモデルではリスクのない投資対象とリスクが大きくそのリスクを相殺するために相当のプレミアムを要する投資対象とを比較しているため、結果的に株式のほうが超お買い得に見えることが多くても何ら不思議ではない。FEDモデルがなかなか消滅しないのは、基本的に株式ブローカーのセールス用のツールとなっているからなのだ。

　筆者はヘンリー・ウォリック教授の指導の下、イェール大学で経済学を学んだが、前述の「FEDモデル」はこの教授が発案したと言われている。ただし微妙な違いがある。彼のやり方では予想利益ではなく、実績利益をベースにした益回りを使い、リスクのない長期国債の代わりに長期社債と比較しているのである。つまり、本来のやり方に従えば、このFEDモデルもかなり理にかなうものになっているということだ。これなら同一企業の株式益回りと社債の利回りとを比較することができる。いずれも景気サイクルや市場動向に左右されるので、どちらにもリスクはある。こうした比較であれば、かなり精度を上げることが可能となる。株式を社債、益回りを債券利回りとして見るようなものだからだ。株式益回りが他の利回り（例えば債券の利回り）と比較して低すぎれば、魅力的な価格に戻るまで、だれも株を買わなくなり、株価は下がることになる。逆に株式益回りが他の利回りよりもかなり有利であれば、人々はわれ先に株に飛びつき、株価はどんどん競り上がり、やがて株式益回りは同等のリスクのある社債の利回りと釣り合いが取れるようになるだろう。

　ベンジャミン・グレアムの銘柄スクリーニングのルールとして、益回りがその企業の社債利回りの2倍の株を買えというものがある。これは素晴らしいアドバイスである。しかし残念ながら、このルー

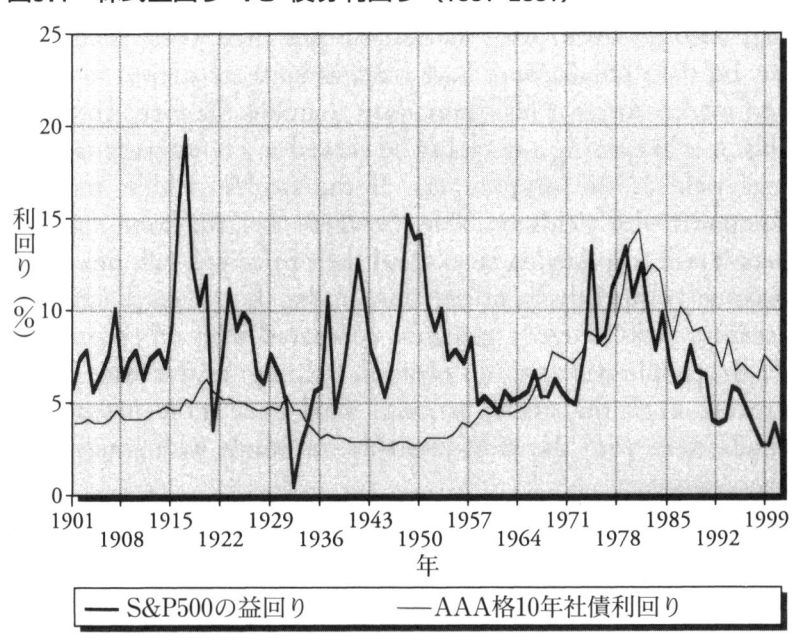

図6.1 株式益回り vs 債券利回り（1901-2001）

──── S&P500の益回り　　──── AAA格10年社債利回り

ルが株式市場全体に当てはまったことは1957年以来、一度もない。

図6.1は過去100年間のS&P500の益回りと、ムーディーズから最上位の格付けAAA（トリプルA）を取得している10年物の社債の利回りをグラフにしたものだ。

ざっと見て、最初の65年間ぐらいは株式益回りと社債利回りとの間に何の関連性も見られず、益回りは最近の値と比べると、かなり高めになっているが、この35年間を見ると、両者は連動し始めている。

これはいったいどういうことなのだろうか。初期のころは、株式を保有することに対するリスクプレミアムがただ単に高すぎたということだろうか。1941年から1951年にかけてはアメリカ政府が国債

の利回りを意図的に低めに誘導していたため、金融市場がゆがめられてしまったのだろうか。1960年代および70年代にはインフレに苦しめられ、政府が金利操作によってインフレを退治しようとしたために、株式と債券に対する評価が割れてしまったのだろうか。原因は不明だが、利付き債にとってインフレの影響が深刻だったことはたしかである。

　しかし、このモデルによれば、1966年以前は（株価収益率が異常値を付けた1932年を除く）、ほとんどいつでも株は買い時ということになるため、指標としては使えないことになる。実際、この間に株を買っていたら悲惨な目に遭っていた年がかなりあったことが分かっている。というわけで、マーケットタイミングを狙うときに株式益回りと社債利回りの比較を利用するには、もっと最近のデータに焦点を当てていく必要があるだろう。

1977～2001年

　図6.2は過去25年間のS&P500の益回りと、ムーディーズからAAAを取得している10年物の社債の利回りを詳しく調査してグラフにしたものである。

　ここでは、社債よりも株のほうが価格的に魅力的なとき、つまり10年物の高格付け債の利回りよりも株式益回りのほうが高いときに株を買うことにする。

　株価志向のマーケットタイマーは上記の条件に合う月だけS&P500に200ドルずつ投資することにし、ドルコスト平均法実践者は何が起ころうとも、毎月100ドルずつ投資することにする。25年後、結果はどうなっているだろうか。

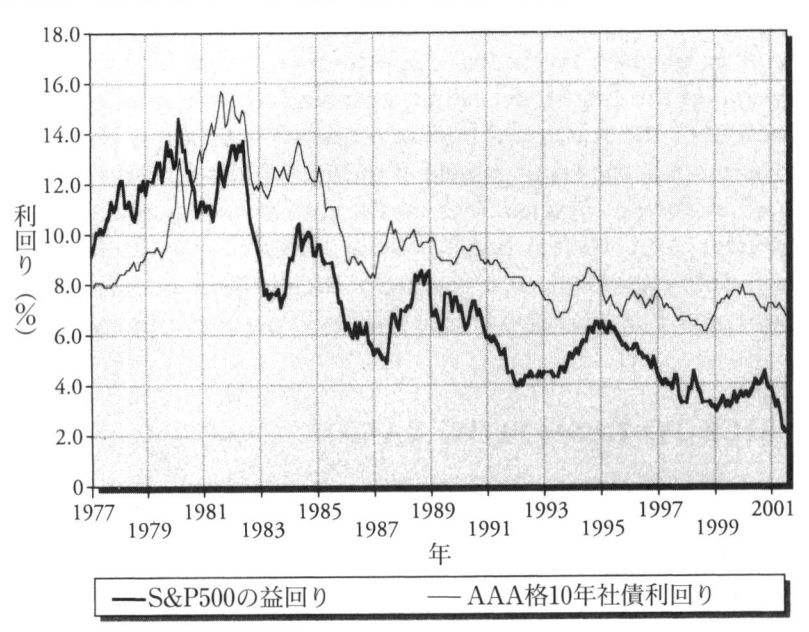

図6.2　株式益回り vs 債券利回り（1977-2001）

（縦軸）利回り（％）／（横軸）年
―― S&P500の益回り　　―― AAA格10年社債利回り

　ドルコスト平均法実践者の総投資額は3万ドルで、25年後の現在、ポートフォリオの評価額は7万5059ドルとなり、トータルリターンは150％。一方、債券の利回りを参考にしたマーケットタイマーのほうは投資機会がごくわずかしかなく、総投資額は8800ドルだったが、それが3万681ドルとなり、トータルリターンは249％と前者よりはるかに良い成績を上げている。さらに株式益回りvs社債利回りによってマーケットタイミングを計るモデルに準じて待機資金を社債に投じていれば、インフレ調整後の評価額は4万9900ドルとなり、合計すると、前者よりも5522ドル儲かっていたことになるのである。
　とはいえ、マーケットタイミングを狙うときに社債利回りを基準に使う方法では、この25年間に投資機会が15％しかなかったため、

絶好の買い場を何度も逃していたことになる。つまり、ほとんど買う機会がなかったという点で、今回採用したFEDモデルは問題のある投資手法と言えるだろう。なお、自分で調査するなら、S&P500の益回りについては毎週バロンズ誌でチェックすることができるし、ムーディーズからAAAを取得している10年債の直近の利回りについてはhttp://www.economy.com/（あるいは他のサイト）で調べてもいいし、バロンズ誌の「ベスト・グレード・コーポレート・ボンド・インデックス・イールド（Best Grade Corporate Bond Index Yield）」も便利である。

株価キャッシュフロー倍率（PCFR）

　経営陣が発表する決算報告が信用できなくなった今、株式の価値評価を行うために別の手段に頼る投資家も出てきている。企業の損益計算書は総収入あるいは売上高から始まり、そこからさまざまな費用を控除して、最終的に純利益に至る。こうした費用には賃貸料、賃金、税金、設備等の減価償却費、支払利息、会社所有の美術品収集費、テルライド（コロラド州にあるスキーリゾート）に別荘を購入する最高経営責任者（CEO）のために融資したお金など、あらゆるものが含まれる。

　費用項目をずっと見ていくと、やがて怪しげな数字が見つかるだろう。一方、「キャッシュフロー」とは、売上高からその売り上げを生み出すために実際にかかった費用だけを控除したものを意味する。「利払い税引き前減価償却償却前利益」、すなわち悪名高き「EBITDA」、別名「まずいものを差し引く前の利益」（Earnings-Before-Bad-Stuff）と定義されることもあるが、これには一考を

要する。というのも、現実の世界では「まずいもの」は実際に存在するからだ。それどころか、このレシオは過重債務状態で減価償却費が山のようにある電話会社をはじめ、まずいものを多く抱えた企業の株に有利に働くことになるからだ。

それでもなお、キャッシュフローは他の何よりも使いでがあるものだ。個別銘柄を推奨するときにキャッシュフローを使うことは絶対にないが、株式市場全体の温度を測るぐらいなら、まあ役立つと言えるだろう。全体で見れば、個別銘柄の特異性など目立たないからだ。それに会計操作にたけた経理担当者や最高財務責任者（CFO）が１株利益をごまかしたとしても、少なくともキャッシュフローなら、中核事業からどのような収入が得られているのか、その現状をよりはっきりと教えてくれるだろう。

そこで本書ではS&P500の時価総額をそのキャッシュフローの総額で割って、「株価キャッシュフロー倍率」（PCFR）を算出することにした。この倍率が低ければ、株価の割にキャッシュフローが多い、逆にこの倍率が高ければ、株価の割にキャッシュフローが少ない、つまり、株価が割高ということを意味する。実際、これを裏付ける調査結果もいくつか出ている。

- マイケル・ケプラーはおよそ20年間にわたり17カ国の株式市場においてPCFRを観察し、その結果をジャーナル・オブ・ポートフォリオ・マネジメントに発表している。それによると、年に４回、PCFRを基準に対象国の市場を４つのグループにランク分けし、それぞれ３カ月リターンを測定した結果、PCFRが最下位グループに属する国のほうがどこよりも成績が良かったという。
- ラコニショック、ビシニー、シュライファーの３教授は1968年から1990年にかけて年に１回、PCFRを基準にNYSE（ニューヨー

ク証券取引所）およびAMEX（アメリカン証券取引所）の全上場銘柄を10のグループにランク分けし、これらのポートフォリオの5年後のパフォーマンスを調べた。ここでもまたPCFR最下位グループの平均リターンが一番高く（年率20%）、PCFR最上位グループは最低だった（年率9%）。
- ●ジェームズ・オショーネシーはS&P500に採用されているような大型株を調べ、1951年時点でPCFRが低い順に50銘柄を選び、低PCFRを基準にポートフォリオの見直しを毎年行った。その結果、1994年までの複利ベースの年率リターンは、市場平均が12.6%だったのに対して、16.5%に達した。

　ここでは、銘柄選択のためにPCFRを利用するのではなく、市場全体を対象にマーケットタイミングを計るときにこのレシオが役に立つかどうかを見ていきたいと思う。そこで、直近のPCFRとその15年移動平均とを比較して、市場が割安なのか、適正評価されているのかを判断することにしよう。

　ただ、PCFRに関しては手元に1977年以降の月次データしかないため、15年移動平均を算出するには1962年から1977年までの欠けているデータを再現しなければならない。そこで、回帰分析によって、この期間の益回りからPCFRの推定値を割り出すことにした。

　図6.3は1977年から2001年までのPCFRとその15年移動平均とをグラフ化したものだ。

　ここでもまた、2人の個人投資家が25年間にわたり株式市場に投資することにする。ひとりはドルコスト平均法実践者で、何が起ころうと、毎月100ドルずつS&P500に投資する。もうひとりはマーケットタイマーで、PCFRが長期移動平均を下回っている月にだけ

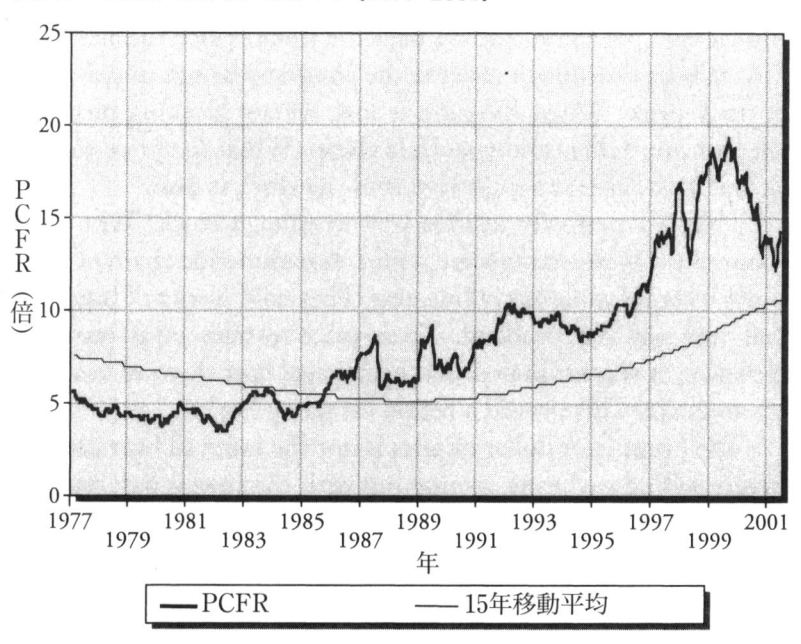

図6.3　S&P500のPCFR（1977-2001）

200ドルずつ投資する。さて、この2人の投資リターンはどうなっただろうか。

2001年末までにドルコスト平均法実践者が投じた3万ドル（2001年のドル価値ベース）は7万5059ドルになり、実質トータルリターンは150％となった。一方、マーケットタイマーは同じ期間に2万1400ドルを投じ、それが今や8万1544ドルに増え、トータルリターンは281％となった。しかも、いざというときのための待機資金がなんと1万134ドルも手元にあるのである。つまり、PCFRは意識して観察するだけの価値があるということだ。

株価売上高倍率（PSR）

　損益計算書を下のほうまで見る必要などどこにあるだろうか。一番上の行、つまり過去4四半期すなわち1年間の売上高だけ見れば十分だ。売り上げがあるということは、少なくともその企業にお金が入ってきているということを意味する。株式時価総額を総売上高で割った値（あるいは株価を1株当たりの年間売上高で割った値）がPSR（株価売上高倍率）である。PSRを見れば、株価が1株当たり売上高の何倍になっているかが分かる。よって、PSRの値が小さいときは、株の購入代金の割に売り上げが大きい、つまりその株は割安ということになり、逆に値が大きいときは、その売り上げを手に入れるのに高くつく、つまり株価は割高ということになる。

　ただし、この方法で株式の価値評価をするには大いに問題がある。いったいだれが売上高など気に留めるだろうか。重要なのは「利益」である。全国規模のベーグル販売チェーンが最近倒産した。ベーグルは好調に売れていて、売り上げには何ら問題はなかった。PSRにも異常は認められなかった。しかしベーグル1個をつくるためのコストが結構かかっていたとみられている。つまり、これが倒産に至るレシピとなったわけだ。

　要するに1ドルの売り上げが意味するところはどこでも同じというわけではない。例えば、地球上の他の生産者と値下げ競争でしのぎを削っている大豆農家の場合、1ドルの売り上げのなかから1～2セントの利益を絞り取れれば、まあラッキーと言えるだろう。一方、バイオテクノロジー企業の場合、俗受けする新種のデザイナードラッグ（擬似麻薬）があれば、1ドルの売り上げから30セントの利益を上げられるかもしれない。

PSR（株価売上高倍率）はインターネット時代に大流行した。というのも、ドットコム企業（ネット関連の新興企業）は利益が出ていないどころか、お金をどんどん吸い込むブラックホールのようなものだったので、PER（株価収益率）が意味をなさなかったからだ。PCFR（株価キャッシュフロー倍率）でさえほとんど通用しなかったぐらいだ。なにしろ、中核事業から生み出されるよりもはるかに多くのお金が消えてなくなっていたのである。だが、このどうしようもない状況下でもPSRが機能したということは、少なくとも売り上げだけは"あった"ということだ。つまりこのレシオが手っ取り早く市場占有率の代わりを務めていたのである。理屈はこうだ。これらの企業はまず驚くべき速さで市場シェアを拡大していたため、いずれ利益も後から追いついてくるだろうと思われていた。巨額の負債でレバレッジを効かせ、PSRをさらに有効活用することで錬金術のごとく負債を資産に変えていったのである。そして、こうした状態が続いている間は素晴らしい宴が催されていたというわけだ。

　もっとも、PSRもS&P500のような株式バスケットに応用されれば、もっと意味をなすようになるものだ。というのも、指数に採用されている企業の多くは、少なくとももっと安定性があり、企業としての歴史がちゃんとあるからだ。

●バリュー（割安株）志向の投資会社トゥィーディー・ブラウンは『ホワット・ハズ・ワークド・イン・インベスティング（What has Worked in Investing？）』というタイトルの優れた小冊子のなかで、低PSRは多くの場合、低PER（株価収益率）、低PBR（株価純資産倍率）などの他のバリュー指標と相関関係にあることを指摘している。

図6.4　S&P500のPSR（1977-2001）

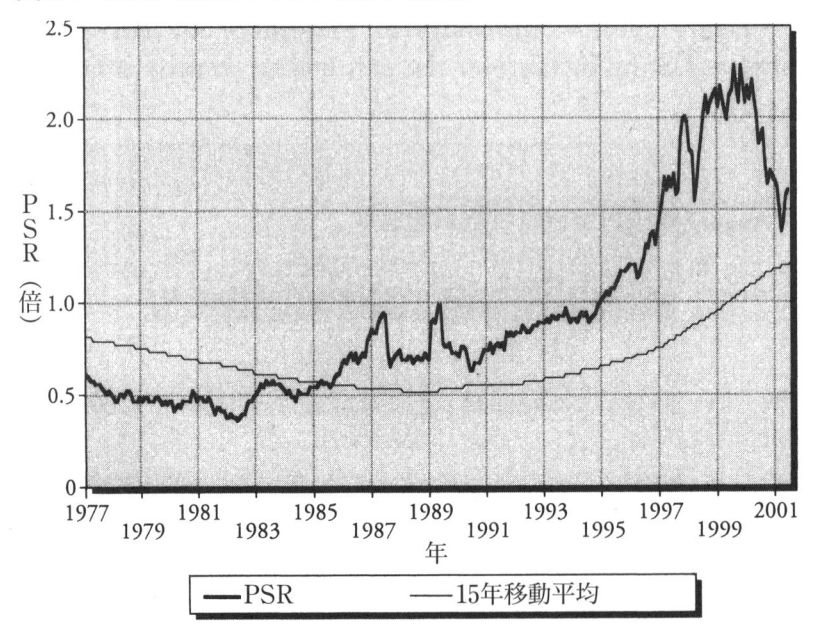

(グラフ: 縦軸 PSR（倍） 0〜2.5、横軸 年 1977〜2001、凡例 PSR／15年移動平均)

●オショーネシーはS&P500のような大型株指数を調べ、1952年時点でPSRが低い順に50銘柄を選び、1994年まで毎年、低PSRを基準にポートフォリオの見直しを行った。その結果、指数全体のリターンが14.6％だったのに対して、18.9％のリターンを上げ、市場に勝つことができた。彼が調査した評価尺度のなかではPSRが最も有効であることが分かっている。

PCFRやPBRと同様、PSRについても1977年以降の月次データしかないため、移動平均を求めるときは、PCFRのときと同じように1977年以前のデータについては、回帰分析によって再現した。その結果が図6.4である。

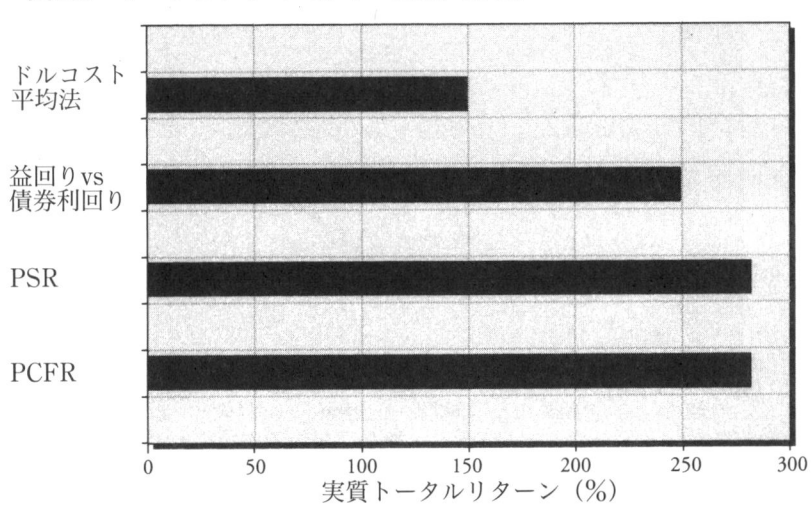

図6.5 マーケットタイミング(1977-2001)

手法	実質トータルリターン(%)
ドルコスト平均法	約150
益回りvs債券利回り	約250
PSR	約280
PCFR	約280

　今回もまた、S&P500のPSRがその15年移動平均を下回っているときは市場が割安、移動平均を上回っているときは割高と判断することにする。

　この前提に従い、マーケットタイマーは25年間にわたり市場がこの評価基準に見合う月にだけ、つまり割安のときだけ200ドルずつS&P500に投資する。一方、ノン・マーケットタイマーはドルコスト平均法に従い、毎月必ず100ドルずつ投資する。最終的に2人のポートフォリオはどうなっただろうか。

　ドルコスト平均法実践者はこの間に3万ドルを株式市場につぎ込んだ。その最終的な評価額は例によって7万5059ドルとなり、実質トータルリターンは150%だった。一方、PSRを基準にしたマーケ

ットタイマーのほうは、PCFRを基準にしたときとほぼ同じ結果になった。つまり、投じた2万1400ドルは今や8万1591ドルに増え、実質トータルリターンは289％となった。そのうえ、割引短期国債（TB）に回していた資金がこれにプラス1万134ドルもある。だが、これをもし長期国債に投資していれば、1万3285ドルになっていただろう。

図6.5は過去25年間にわたり、新しい指標を基準にマーケットタイミングを計った場合とドルコスト平均法を使った場合のリターンを比較対照したものである。どうやら、これらの指標もマーケットタイミングを狙うときに重要な武器となるようなので、よく頭に入れておいてほしい。

なお、PSRおよびPCFRの値はhttp://www.barra.com/research/fundamentals.asp/のサイトで毎月調べることができる。ちなみに、ここ15年間のPSRの平均は1.2倍で、PCFRの平均は10.4倍である。

さて次は、これまで取り上げてきたさまざまな指標を組み合わせて使うと、どうなるか見ていくことにしよう。

第7章
指標を組み合わせて、より高いリターンを狙う
Combining Factors for Superior Returns

　本書では長期的な投資リターンを予測すべく、4つの指標を使って、過去100年間のデータを見てきた。そこで今度は、これらの指標をそれぞれ比較してみるとどうなるか、組み合わせて使うとどうなるか、検討していくことにしよう。

　まず、過去100年間にわたりドルコスト平均法に従って毎年年末にS&P500に資金を投じる投資家がいるとする。

①1人目は毎年年末に投資。

②2人目は4つの指標がいずれも買いシグナルを発していない年の年末にだけ投資。

③3人目は相場を基準にインフレ調整後のS&P500の現在値がその15年移動平均を下回っている年の年末だけに投資。

④4人目はPER（株価収益率）を基準にS&P500のPERがその15年移動平均を下回っている年の年末だけに投資。

⑤5人目は配当利回りを基準にS&P500の配当利回りがその15年移動平均を上回っている年の年末だけに投資。

⑥6人目は基本的価値を基準にトービンのq（企業の市場価値÷再取得費用）がその15年移動平均を下回っている年の年末だけ

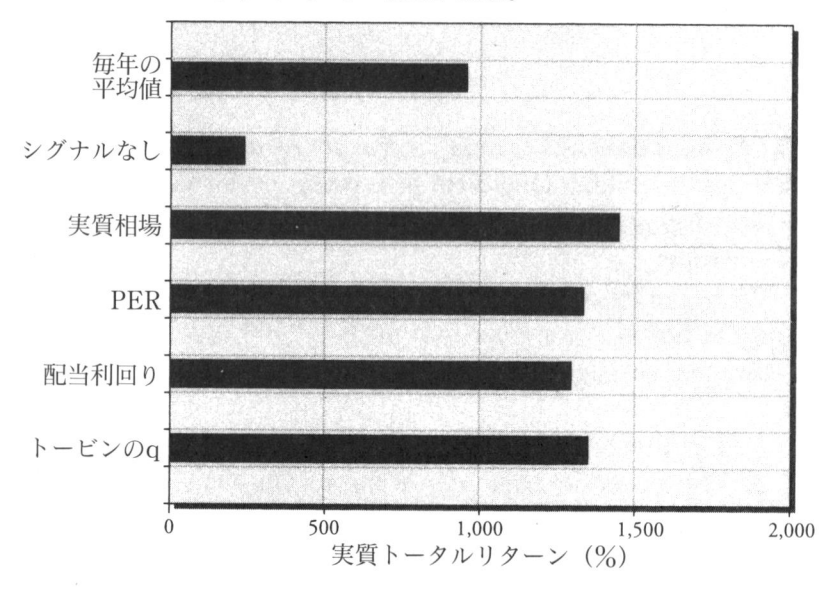

図7.1　マーケットタイミング（1902-2001）

指標	実質トータルリターン（%）
毎年の平均値	約1,000
シグナルなし	約250
実質相場	約1,450
PER	約1,350
配当利回り	約1,300
トービンのq	約1,350

に投資。

それぞれのリターンを示したのが図7.1である。

過去100年間の間、マーケットタイミングを読むための４つのシグナルのいずれかを使って買ったマーケットタイマーのパフォーマンスは、毎年単純にS&P500に投資し続けた人よりも最低でも39％良く、買いのシグナルがまったく点灯していないときにだけ投資していた哀れなミスタイマー（つまりタイミングを逃した投資家）よりも445％も良かった。４つのなかで最も単純な指標といえる相場を基準にした投資家の成績がいちばん良かったのは、相場（株価）が他の３つの指標においてカギを握る重要な要素となっているから

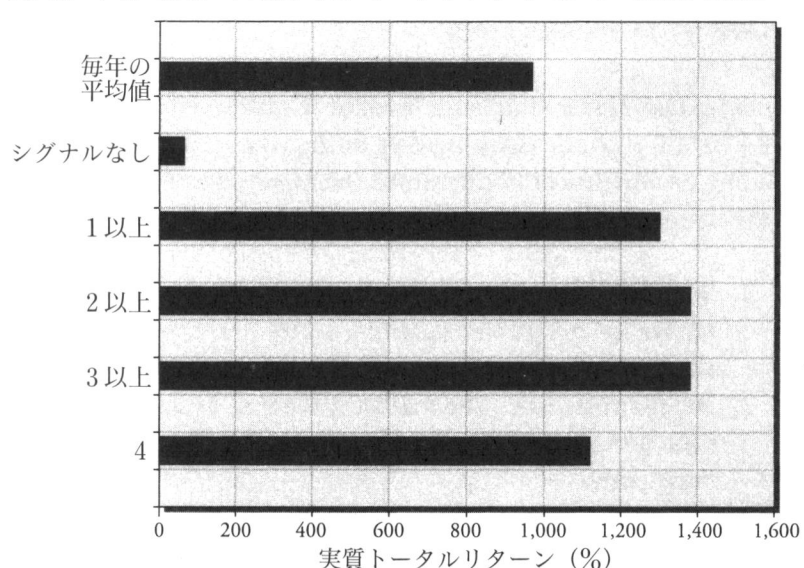

図7.2 ドルコスト平均法 vs マーケットタイミング（1902-2001）

（棒グラフ：縦軸＝カテゴリー、横軸＝実質トータルリターン（%）、0～1,600）
- 毎年の平均値：約980
- シグナルなし：約60
- 1以上：約1,300
- 2以上：約1,400
- 3以上：約1,400
- 4：約1,120

だ。つまり、効率的市場仮説の支持者が言うとおり、株価にはその時点で入手可能なあらゆる材料が織り込まれているということなのだ。

図7.2は過去100年間にわたり年に1000ドル（2001年のドル価値ベース）ずつS&P500に投資したと仮定して、各年末に買いのシグナルが「いくつ」出ているかによって、その運用成績がどう違うかを示したものだ。

- 「毎年」というのは、マーケットタイミングのシグナルには関係なく、毎年S&P500を買ったことを意味する。
- 「シグナルなし」は買いシグナルが1つも点灯していなかった年に投資したことを表す（36年分ある）。

●あとの棒グラフは、相場が割安であることを示すシグナルが1つ以上、あるいは2つ以上、3つ以上、あるいは4つすべてが点灯している年に一定額を投資し続けた場合の結果を示している。

実質トータルリターンは、毎年買うよりも、市場が割安であることを示す4つのシグナルのいずれかが点灯しているときに買うほうが、最低でも39％高くなっている。

また、割安感を示す4つのシグナルすべてが点灯している年に投資したケースでは、逆にパフォーマンスは悪くなっていた。これは何か異常事態が起きていたのだろうか。いや、そうではない。100年間のうち、こうした年は27年分しかなく、そのうち12年分は調査対象期間の終わりのほうに集中していた。つまり、これはただ単に初期のころに比べ、リターンを上げるだけの十分な時間がなかったため、平均リターンが下がってしまったということだ。よって、時間さえ十分にあれば、この「4つすべて」のシグナルが点灯している年に投資した場合の実質トータルリターンは、他に匹敵するか、それを上回るものと予想される。

一括投資

過去100年の間に5万ドルを一括投資した場合、これらの4つの指標のいずれかを基準にマーケットタイミングを計ったかどうかによって、結果にどのような違いが出るか調べてみた。その方法を要約すると、以下のようになる。

①上記の各指標がそれぞれ買いシグナルを発しているかどうかによって（これは15年移動平均よりも上か下かで判断する）、100

図7.3　5年リターン

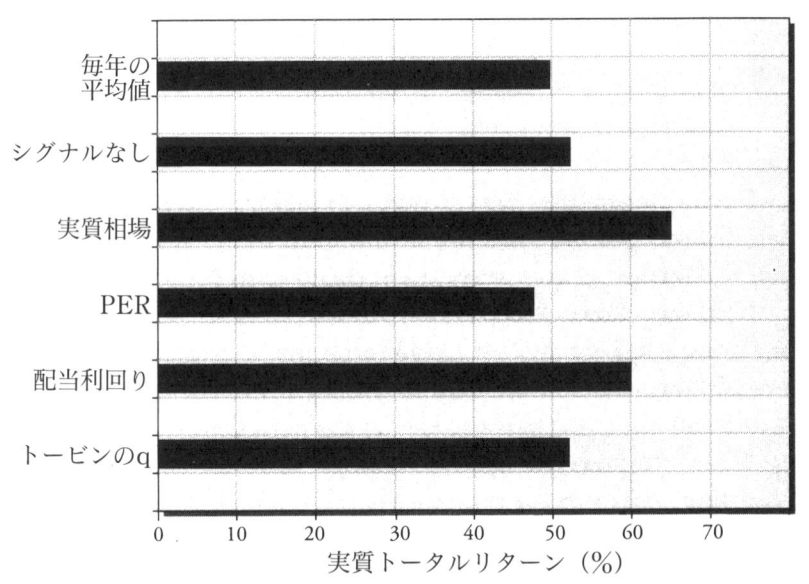

（棒グラフ：実質トータルリターン（%））
- 毎年の平均値：約50
- シグナルなし：約52
- 実質相場：約65
- PER：約48
- 配当利回り：約60
- トービンのq：約52

年間のすべての年を分類する。

②これらの評価尺度に従い、市場が割安とされる年の年末にS&P500を買う。

③その後、5年、10年、15年、20年保有した場合のS&P500の実質トータルリターンを算出する。例えば1902年に買いシグナルが出ているなら、その年に購入し、1907年、1912年、1917年、1922年に売却したとして、それぞれのリターンを調べる。また、1903年にシグナルが出ていれば、その年に買って、1908年、1913年、1918年、1923年に売ったとして、それぞれのリターンを調べる、といった作業を続けていく。

④それぞれの指標ごとに、5年、10年、15年、20年保有した場合

図7.4　10年リターン

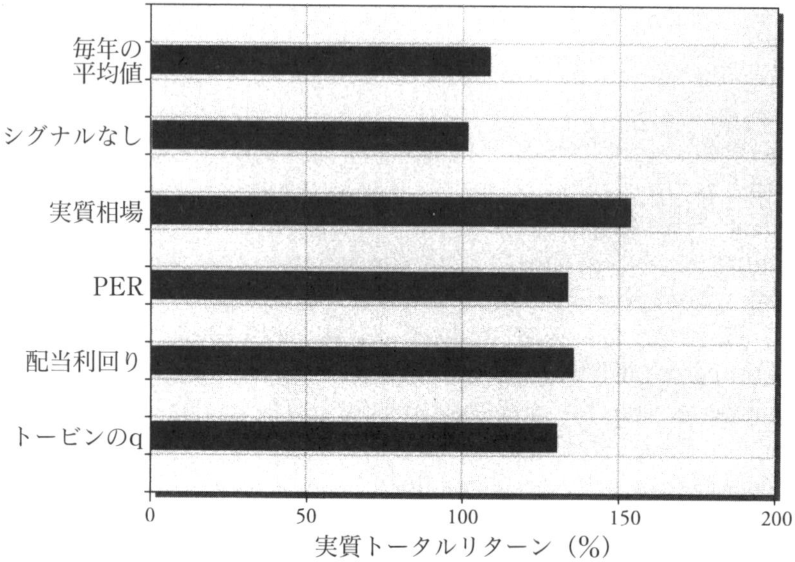

毎年の平均値
シグナルなし
実質相場
PER
配当利回り
トービンのq
0
50
100
150
200
実質トータルリターン（%）

の実質トータルリターンの平均を保有期間ごとに割り出す。

⑤最後に、比較のために同じことを次の２つの点からも調べた。ひとつは対象期間中、毎年S&P500を購入して５年、10年、15年、20年保有した場合の実質トータルリターンを算出する（＝毎年の平均値）。もうひとつはマーケットタイミングの買いシグナルが１つも点灯していない場合に購入したとして実質トータルリターンを算出する（＝シグナルなし）。

結果は**図7.3～図7.6**に示したとおりである。

ベンジャミン・グレアムによれば、市場とは、短期的に見れば、投票集計機のようだが、長期的に見れば、計量器のようなものだと

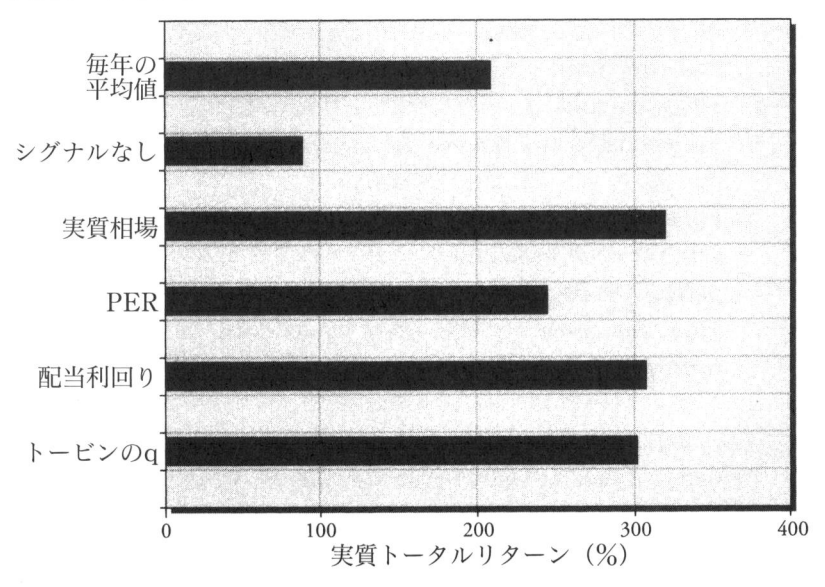

図7.5　15年リターン

（グラフ：実質トータルリターン（%））
- 毎年の平均値
- シグナルなし
- 実質相場
- PER
- 配当利回り
- トービンのq

いう。今ではこのグレアムの所見を定量化することができる。**図7.3**を見てほしい。保有期間が5年ぐらいだと、いくらうまくマーケットタイミングを計ったところで、それほど差が出ないことが分かる。成り行き任せに毎年買う場合と比べても、11％上回っているだけだし、買いシグナルがひとつも点灯していない場合と比べると、5％しか上回っていない。マーケットタイミングに関する調査をしても、たいてい失望させられるのはこのためだ。つまり、株式市場というものは、短期的に見ると、真の価値が見過ごされがちな高校の人気コンテストのようなものなのだ。

しかし**図7.4**が示すように、保有期間が10年になると、事態は変わってくる。一括投資をしたマーケットタイマーのリターンは、無

図7.6　20年リターン

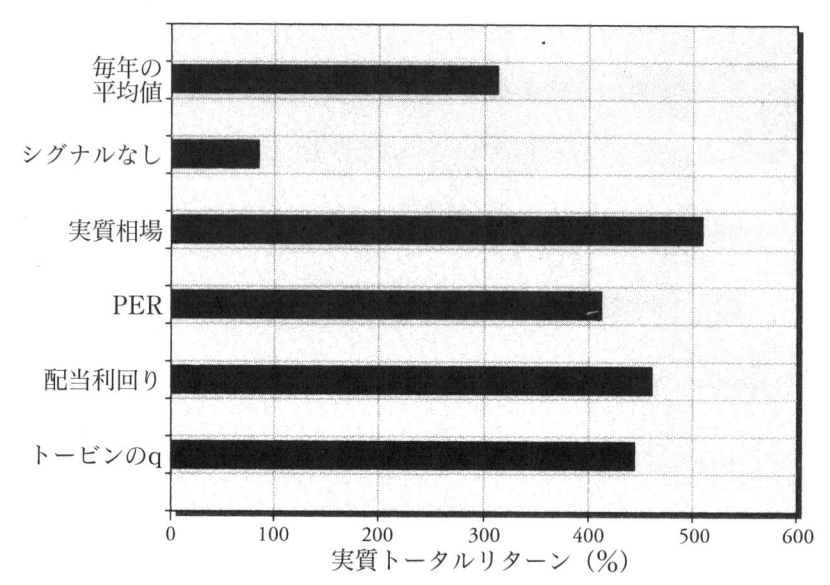

指標	実質トータルリターン（%）
毎年の平均値	約310
シグナルなし	約80
実質相場	約510
PER	約420
配当利回り	約460
トービンのq	約450

頓着な投資家よりも16％も上回っているし、たまたま買いシグナルがひとつも点灯していないときに買うはめになったミスタイマーよりも31％も上回っているのである。

さらに保有期間が15年になると（**図7.5参照**）、マーケットタイマーが他を完全に圧倒している。毎年投資する場合よりも39％、基準から見て不利な年に買いに入る投資家よりも319％も勝っているのである。

保有期間が20年になっても（**図7.6参照**）、マーケットタイマーの成績は落ちない。毎年投資する場合よりも39％、ミスタイマーよりも577％もリターンが高いのである。

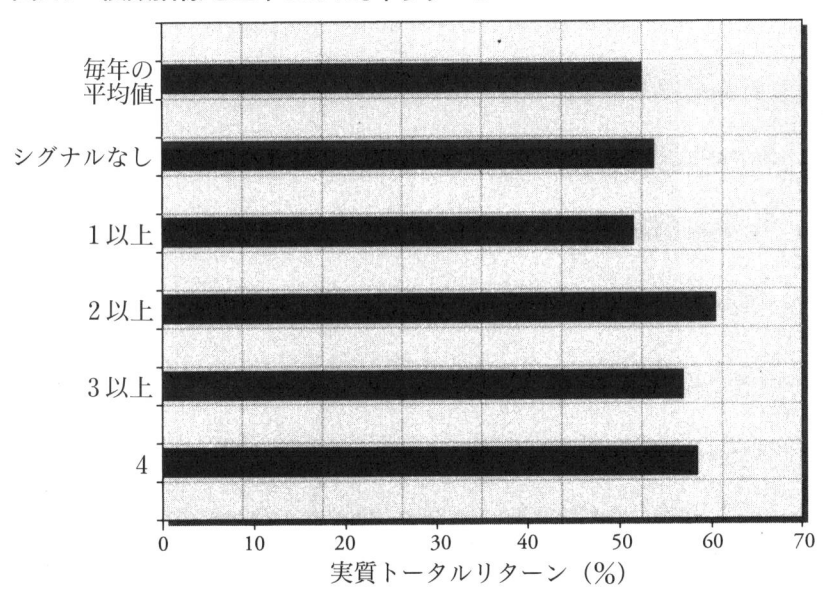

図7.7 複数指標を基準とした5年リターン

```
毎年の平均値　━━━━━━━━━━━
シグナルなし　━━━━━━━━━━━
1以上　　　　━━━━━━━━━━
2以上　　　　━━━━━━━━━━━━
3以上　　　　━━━━━━━━━━━
4　　　　　　━━━━━━━━━━━━
　　　　　0　10　20　30　40　50　60　70
　　　　　　実質トータルリターン（％）
```

複数の指標を組み合わせる

　マーケットタイミングを読むための指標（相場、株価収益率、配当利回り、トービンのq）のうち、買いシグナルを発しているものがいくつあるかを毎年調べてみたところ、買いシグナルがひとつも点灯していない年もあれば、2つ、3つ、あるいは4つすべてが点灯している年もあった。そこで、買いシグナルがいくつ点灯しているかによって、0、1つ以上、2つ以上、3つ以上、4つというように各年を分類し、その年に投資していたらどうなっていたか、それぞれのグループごとに5年後、10年後、15年後、20年後の平均リターンを算出した。比較のために上記の期間中、毎年投資した場合

図7.8 複数指標を基準とした10年リターン

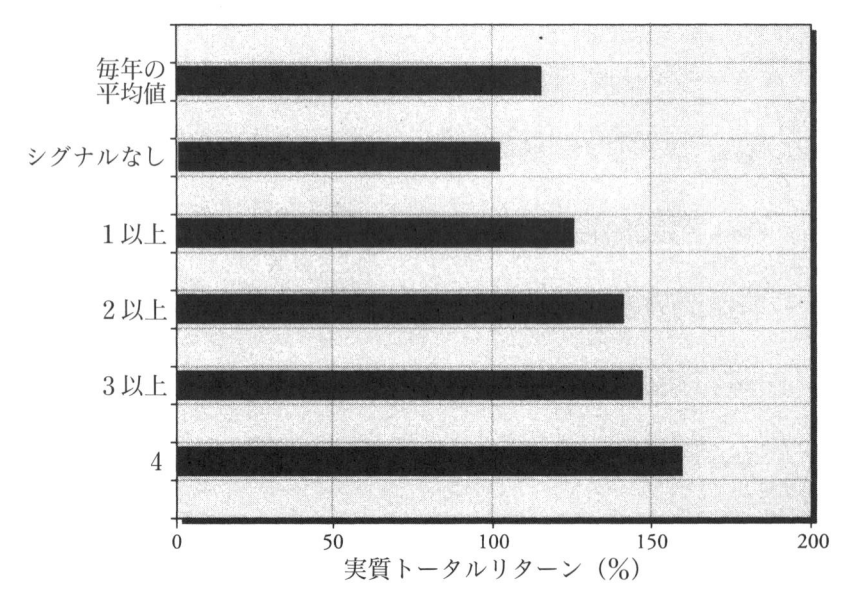

[図：横棒グラフ。縦軸項目は上から「毎年の平均値」「シグナルなし」「1以上」「2以上」「3以上」「4」。横軸は実質トータルリターン（%）、0から200まで。]

実質トータルリターン（%）

の市場平均リターンも保有期間別に調べた。その結果は**図7.7～図7.10**に示したとおりである。

　平均すると、保有期間が5年の場合はマーケットタイミングを狙うメリットはほとんどなかったが、それでも買いシグナルが2つ以上出ている年に買えば、そうでない年に買ったときよりもリターンは11%高かった。とはいえ、データにノイズが入ってシグナルをかき消してしまうこともあるものだ。

　図7.8は保有期間が10年の場合を表しているが、買いシグナルが2つ以上点灯しているときに投資したほうが、1つも点灯していないときよりも平均リターンが32%高く、毎年投資した場合と比べても17%高かった。

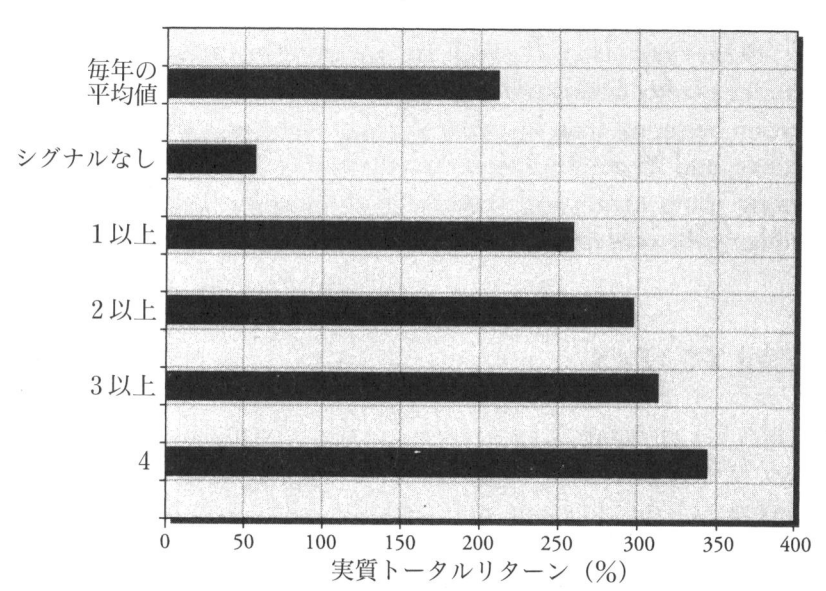

第7章●指標を組み合わせて、より高いリターンを狙う

図7.9　複数指標を基準とした15年リターン

（棒グラフ：実質トータルリターン（%））
- 毎年の平均値：約210
- シグナルなし：約55
- 1以上：約260
- 2以上：約300
- 3以上：約315
- 4：約345

　図7.9のように15年間保有した場合は、買いシグナルが1つ以上点灯している年に投資したほうが毎年投資するよりも19％も成績が良く、シグナルがまったく点灯していないときよりも258％も良かった。

　図7.10のように20年間保有した場合は、買いシグナルが1つ以上点灯している年に投資したケースでは、1つも点灯していない年よりも501％も良い結果を生み、毎年投資した場合の平均リターンと比べても23％上回る結果となった。マーケットタイミングを狙うのに、従来型の株価指標を利用する方法はここへ来て突然、保守的な長期投資家のいちばんの味方になったというわけだ。

129

図7.10 複数指標を基準とした20年リターン

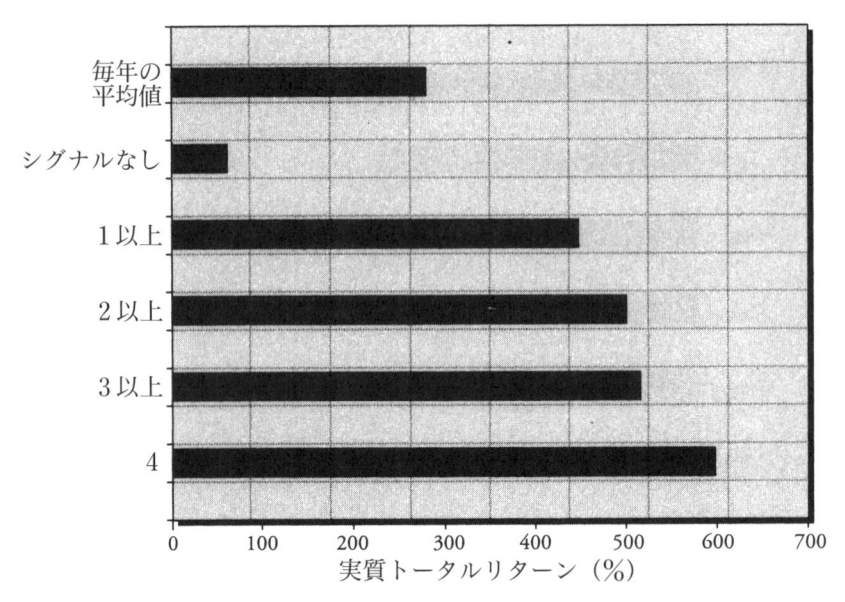

	実質トータルリターン（％）
毎年の平均値	～280
シグナルなし	～60
1以上	～450
2以上	～500
3以上	～520
4	～600

年ごとに観察する

　表7.1～表7.10は1902年から2001年までのマーケットタイミングの買いシグナルの状況と、それぞれの年に投資した結果を表している。年ごとに見ていくと、それぞれのシグナルがだいたい一致している年が多いのが分かる。なお、配当利回りの項目は他の指標と合わせるため、表現を変えてある。それは、配当利回りが高いときは市場評価が低く、逆に配当利回りが低いときは市場評価が高くなるためである**(訳者注　**つまり、7章の表は、これまでの表のように各指標の高低を見るのではなく、各指標を基準に見た場合の「市場評価の高低」を示したものなので、PERやトービンのqについては

表7.1　市場評価（1902-1913）

年	相場	PER	配当利回り	トービンのq	20年リターン(%)
1902	高い	低い	平均より上	平均より上	43
1903	平均より上	低い	低い	低い	69
1904	高い	平均より下	高い	平均より上	64
1905	高い	低い	高い	高い	75
1906	高い	低い	平均より上	平均より上	97
1907	平均より下	低い	低い	低い	305
1908	高い	平均より下	平均より下	低い	310
1909	高い	低い	平均より下	低い	229
1910	平均より上	低い	低い	低い	186
1911	平均より上	平均より上	低い	低い	72
1912	平均より下	平均より下	低い	低い	67
1913	低い	低い	低い	低い	186

値が小さいときに割安となるが、配当利回りについては値が大きいときに割安となるため、4章の**表4.1**とは表現が逆になる）。

1902～1913年

　20世紀はマッキンレー大統領および保守派の政権下で繁栄の波とともに幕開けした。しかし、気をつけてほしいのは、こうした好景気のときは（ただし1903年の景気後退期を除く）、長期投資による実質リターンの点から見ると、株式投資にはそれほど良い時期だったとは言えないことだ。その後、1907年に深刻な金融恐慌が起こった。大手の信託銀行が商業銀行と融資合戦を繰り広げていたが、銀行には準備預金などなかった。その年の夏には銀行が何行か破綻し、

証券会社まで連鎖倒産した。銀行の取り付け騒ぎが起こり、全国規模の不況が不気味に迫っていた。ということは絶好の買い場が訪れていたということだ。そんなとき、まさに買いに入ったのがJ・P・モルガンであり、彼が先導役を務め、国を危機から救ったのである。

1914〜1922年

世界は戦争（＝第一次世界大戦）の真っただ中だった。それからロシアの共産主義革命や戦後のインフレを経て、1920年から1922年にかけては過度な金融引き締め政策のせいで不況に陥ったが、そのときこそまさに最高の買い場だった。

表7.2 市場評価（1914-1922）

年	相場	PER	配当利回り	トービンのq	20年リターン(%)
1914	低い	平均より上	低い	低い	189
1915	平均より下	低い	平均より上	低い	209
1916	低い	低い	低い	低い	318
1917	低い	低い	低い	低い	315
1918	低い	低い	低い	低い	439
1919	低い	低い	平均より上	低い	409
1920	低い	低い	低い	低い	472
1921	低い	高い	平均より下	低い	257
1922	低い	平均より上	平均より上	低い	204

表7.3　市場評価（1923-1929）

年	相場	PER	配当利回り	トービンのq	20年リターン(%)
1923	低い	平均より下	平均より下	低い	269
1924	平均より下	平均より下	高い	平均より下	242
1925	平均より上	平均より下	高い	平均より下	266
1926	平均より上	平均より下	高い	平均より上	147
1927	高い	高い	高い	高い	72
1928	高い	高い	高い	高い	19
1929	高い	平均より上	高い	高い	58

1923〜1929年

　終わりなき繁栄の新時代がクーリッジ大統領の下で始まったが、今回は事情が違っていた。景気循環のサイクルが狂っていたのだ。自動車、家電製品、住宅が飛ぶように売れ、広告量と割賦購入が急増した。だれもが株の話をし、委託保証金も最低限で済み、今やどの株を買ってもほとんど一夜にして儲かった。しかし、見かけとは裏腹に1927年以降は、株を買うには最悪の時期となった。なにしろ、1929年に株価が大暴落したのだから。

1930〜1939年

　FRB（米連邦準備制度理事会）は信用不安を抑えることができず、マネーサプライが減少。しかも、スムート・ホーリー関税法が成立したため、事実上、海外貿易が激減し、国内は不況に陥ること

表7.4 市場評価（1930-1939）

年	相場	PER	配当利回り	トービンのq	20年リターン(%)
1930	高い	高い	平均より上	平均より上	143
1931	平均より下	高い	低い	平均より下	355
1932	平均より下	高い	平均より下	低い	426
1933	平均より上	平均より上	高い	平均より下	240
1934	平均より下	平均より上	高い	平均より下	443
1935	平均より上	平均より下	高い	平均より上	399
1936	高い	平均より下	高い	高い	297
1937	平均より下	低い	低い	平均より下	450
1938	平均より上	平均より下	平均より上	平均より下	473
1939	平均より下	低い	平均より下	平均より下	540

になった（さらに詳しいことをお知りになりたい方は、筆者が出演している映画『フェリスはある朝突然に』を見てほしい）。1932年までに株式市場の時価総額は少なくとも6分の5が吹き飛んでいたが、連邦議会がとった政策は……なんと増税だった。ルーズベルトが大統領になると、数え切れないほどの新しい政策や法令や機関がつくられたが、ニューディール政策はこの大恐慌をどうすることもできなかった。それどころか、事態をますます悪化させた。先の見通しは真っ暗で、揚げ句の果てに、まだ大恐慌から回復していない1937年から1938年にかけては急激な景気後退に見舞われた。1939年のアメリカ経済の総生産高は1929年をも下回っていた。つまり、株を買うには最高の時期だったのだ。

表7.5　市場評価（1940-1945）

年	相場	PER	配当利回り	トービンのq	20年リターン(%)
1940	平均より下	低い	低い	低い	613
1941	低い	低い	低い	低い	1,022
1942	低い	低い	平均より下	低い	812
1943	平均より下	低い	平均より上	低い	804
1944	平均より下	低い	平均より上	平均より下	793
1945	高い	低い	高い	平均より上	639

1940～1945年

　第二次世界大戦勃発。真珠湾攻撃に加え、ニューヨーク湾にドイツの潜水艦が出没。アメリカは武器貸与法に従い、連合国に軍需物資の供給を開始。赤字財政支出と戦争参加によってようやく大恐慌から抜け出し、原爆を投下。この時期も絶好の買い場だった。

表7.6　市場評価（1946-1953）

年	相場	PER	配当利回り	トービンのq	20年リターン(%)
1946	平均より下	低い	平均より上	平均より下	729
1947	低い	低い	平均より下	低い	933
1948	低い	低い	低い	低い	974
1949	平均より下	低い	低い	低い	670
1950	平均より上	低い	低い	平均より下	518
1951	高い	平均より下	平均より下	平均より上	485
1952	高い	平均より下	平均より上	平均より上	473
1953	高い	平均より下	平均より下	平均より上	358

表7.7 市場評価（1954-1972）

年	相場	PER	配当利回り	トービンのq	20年リターン(%)
1954	高い	平均より上	高い	高い	96
1955	高い	平均より上	高い	高い	91
1956	高い	平均より上	高い	高い	118
1957	高い	平均より上	平均より上	高い	118
1958	高い	高い	高い	高い	51
1959	高い	高い	高い	高い	44
1960	高い	高い	高い	高い	71
1961	高い	高い	高い	高い	18
1962	高い	高い	高い	高い	54
1963	高い	高い	高い	高い	50
1964	高い	高い	高い	高い	33
1965	高い	平均より上	高い	高い	53
1966	高い	平均より下	平均より上	平均より上	107
1967	高い	平均より上	高い	高い	73
1968	高い	平均より上	平均より上	高い	83
1969	平均より上	平均より下	平均より下	平均より下	167
1970	平均より上	平均より上	平均より下	低い	147
1971	平均より上	平均より上	平均より上	低い	183
1972	高い	平均より上	平均より上	平均より下	157

1946〜1953年

　冷戦が始まると、平時でも軍事費が増大。朝鮮戦争勃発。この時期も買い場だった。

表7.8 市場評価（1973-1985）

年	相場	PER	配当利回り	トービンのq	20年リターン(%)
1973	低い	低い	平均より下	低い	251
1974	低い	低い	低い	低い	429
1975	低い	低い	低い	低い	453
1976	低い	低い	平均より下	低い	457
1977	低い	低い	低い	低い	739
1978	低い	低い	低い	低い	987
1979	低い	低い	低い	低い	1,123
1980	低い	低い	低い	低い	813
1981	低い	低い	低い	低い	805
1982	低い	低い	低い	低い	?
1983	平均より下	平均より上	平均より下	低い	?
1984	平均より下	低い	平均より下	低い	?
1985	平均より上	高い	高い	平均より下	?

1954～1972年

アイゼンハワー大統領とケネディ大統領の下で戦後の景気拡大と経済繁栄を謳歌。大恐慌は今や遠い過去の話となり、人々は再び株式市場に足を踏み入れるようになった。景気後退も軽微に済み、ベトナム戦争によるインフレにも市場はうまく対応した。前回の繁栄期と同様、投資リターンは短期的には良かったが、長期的には良くなかった。

表7.9 市場評価（1986-1995）

年	相場	PER	配当利回り	トービンのq	20年リターン(%)
1986	高い	高い	高い	平均より上	?
1987	高い	高い	高い	平均より上	?
1988	高い	平均より上	高い	高い	?
1989	高い	高い	高い	高い	?
1990	高い	高い	高い	高い	?
1991	高い	高い	高い	高い	?
1992	高い	高い	高い	高い	?
1993	高い	高い	高い	高い	?
1994	高い	平均より上	高い	高い	?
1995	高い	平均より上	高い	高い	?

1973～1985年

極端な金融緩和政策とOPEC（石油輸出国機構）による原油禁輸措置が相まって高インフレを引き起こし、キャッシュを除く、あらゆる金融資産が暴落し、株式市場はその価値の半分を失った。しかし価格志向型の投資家にとっては、今回もまた買い場となった。

1986～1995年

ロングブーム。1991年の景気後退期を除けば、アメリカにとって類を見ない好景気が続いた。短期的には素晴らしい投資リターンが上げられたが、長期投資の成果についてはまだ不明だ。

1996～2001年

　IT革命によって生産性が永続的に高まると信じ込んだFRBは市場に流動性を供給し、市場参加者は歓喜に沸いた。資金はダイレクトに株式市場に流れ込み、バブルをつくった。しかし2000年にはじけたバブルは2002年末の今もいまだにその後遺症を残し、S&P500は40％以上も下落したままだ。長期投資の成果はまだ不明だが、株式投資の今後の見通しについては楽天的にはなれない。

　投資家たちは一般に長く保有すれば、株ほど安全な投資対象はないと確信している。しかし保有期間が10年や15年でも、株で損をすることはある。20年間保有して配当をすべて再投資したとしても、インフレ調整後にはスタートラインの後ろでまだ座り込んだまま、ということさえあるのだ。

　トータルリターンを出すには、分子、つまり株の売却益だけを見れば、事足りるわけではない。分母、つまり購入代金すなわち取得原価も同様に重要なのだ。株式市場が熱狂の頂点にあり、相場がジ

表7.10　市場評価（1996-2001）

年	相場	PER	配当利回り	トービンのq	20年リターン(%)
1996	高い	高い	高い	高い	?
1997	高い	高い	高い	高い	?
1998	高い	高い	高い	高い	?
1999	高い	高い	高い	高い	?
2000	高い	高い	高い	高い	?
2001	高い	高い	高い	平均より上	?

139

図7.11　市場評価別5年リターン

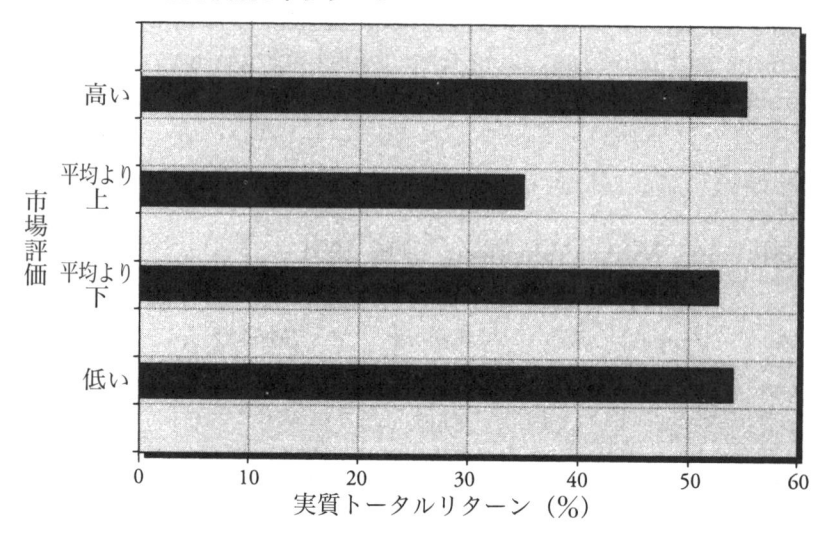

(市場評価別 実質トータルリターン(%)のグラフ)
- 高い：約55
- 平均より上：約35
- 平均より下：約52
- 低い：約54

ュージュー焼けているときに資金を投じたら、あなたのお金は熱が冷めるまで20年も30年も寝たままになるかもしれないのである。

どのくらい割高なのか割安なのか

過去100年間の各年を調べ、株価指標から判断して、どのくらい割高かによって0から12の点数をつけ、ランク付けした。株式市場が4つの指標すべてにおいて「低い」と評価されれば、その年は「0」（0＋0＋0＋0＝0）、4つの指標のうち3つにおいて「低い」と判断され、あとひとつは「平均より下」と判断されたなら、その年は「1」（0＋0＋0＋1＝1）とランク付けする。また、

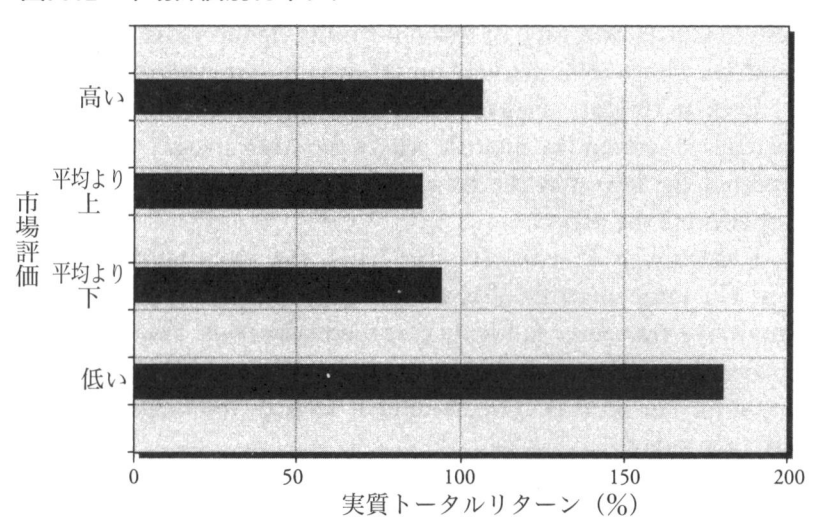

図7.12　市場評価別10年リターン

市場評価
- 高い
- 平均より上
- 平均より下
- 低い

実質トータルリターン（％）

　4つのうち2つが「低い」と出て、あとの2つが「平均より下」であれば、その年は「2」（0＋0＋1＋1＝2）となり、3つの指標で「低い」と判断され、あとひとつが「平均より上」の場合も、「2」（0＋0＋0＋2＝2）とする。このようにすべての年について同じ作業をしていく。なお、株式市場が4つの指標すべてにおいて「高い」と評価された年は「12」（3＋3＋3＋3＝12）となる。

　すべての年を点数化し、市場評価の高低に従って4つのグループにランク分けした。下位25％のグループを「低い」とし、次の25％を「平均より下」、その次の25％を「平均より上」、そして最後に上位25％を「高い」とした。

　過去100年間をさかのぼり、各グループに属するそれぞれの年に

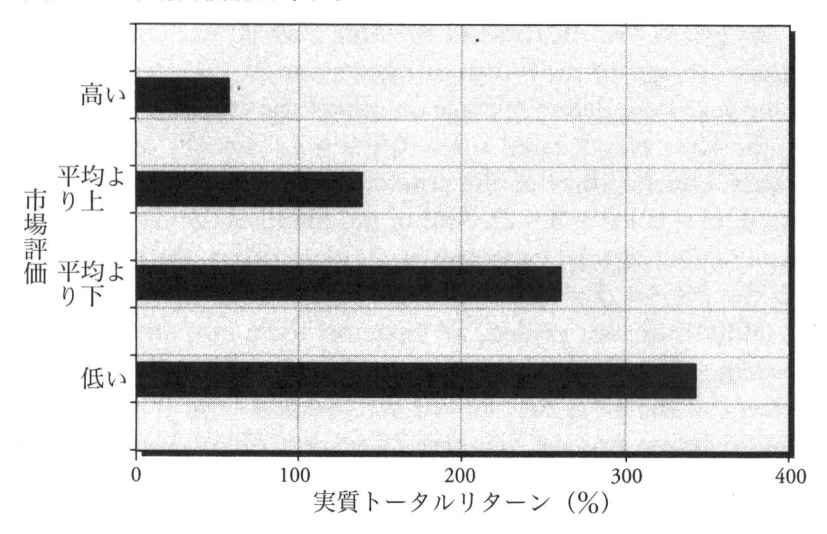

図7.13　市場評価別15年リターン

市場評価
- 高い
- 平均より上
- 平均より下
- 低い

実質トータルリターン（%）

投資したとして、その5年後、10年後、15年後、20年後のパフォーマンスを調べ、各グループの実質トータルリターンの平均を割り出した。結果は図7.11〜図7.14に示したとおりである。

図7.11に何らかのパターンを見いだしたなら、あなたはわれわれよりも上等のメガネをお持ちだということになる。保有期間が5年では、市場評価が高かろうが低かろうが、結果には何の関連性もないように見える。短期的なマーケットの「ノイズ」が他のあらゆるものをかき消してしまっているのだ。

保有期間10年の場合も（図7.12参照）、データには特別なパターンは見られない。しかし投資した時点で市場評価が最低だったグループは他の3グループに圧倒的大差で勝っている。

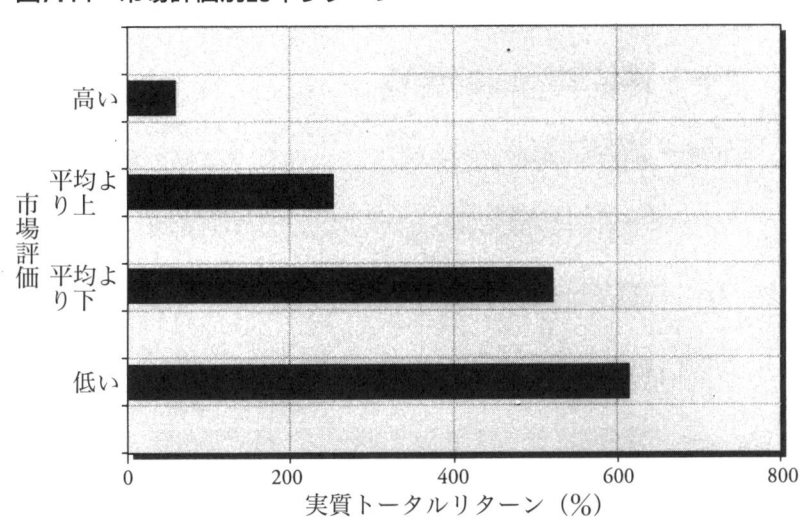

図7.14 市場評価別20年リターン

（市場評価別20年リターンの横棒グラフ：縦軸は市場評価「高い」「平均より上」「平均より下」「低い」、横軸は実質トータルリターン（％）。「高い」は約50％、「平均より上」は約250％、「平均より下」は約520％、「低い」は約620％）

　保有期間15年（**図7.13**参照）。ここへ来て突如、目からウロコが落ちたようになる。保有期間が5年のときは、どのグループもシグナルが混沌として区別がつかなかったが、突然きれいに整理整頓されたようになっている。最初に買った時点での市場評価が高いほど、リターンが低く、評価が低いほど、リターンが高くなっている。

　保有期間20年の場合も同じだが（**図7.14**参照）、その傾向がもっと顕著になる。まるで魔術師が現れて、株式市場にかかっていたマントを取り去ったかのようだ。5年後に相場が上がるか下がるかは、だれにも分からない。ましてや10年後のことなど、もちろん分からない。しかし今日の株式市場を直視し、15年先、20年先を見据えて、今が買い場かどうかをかなりの確率で予測することは可能なのでは

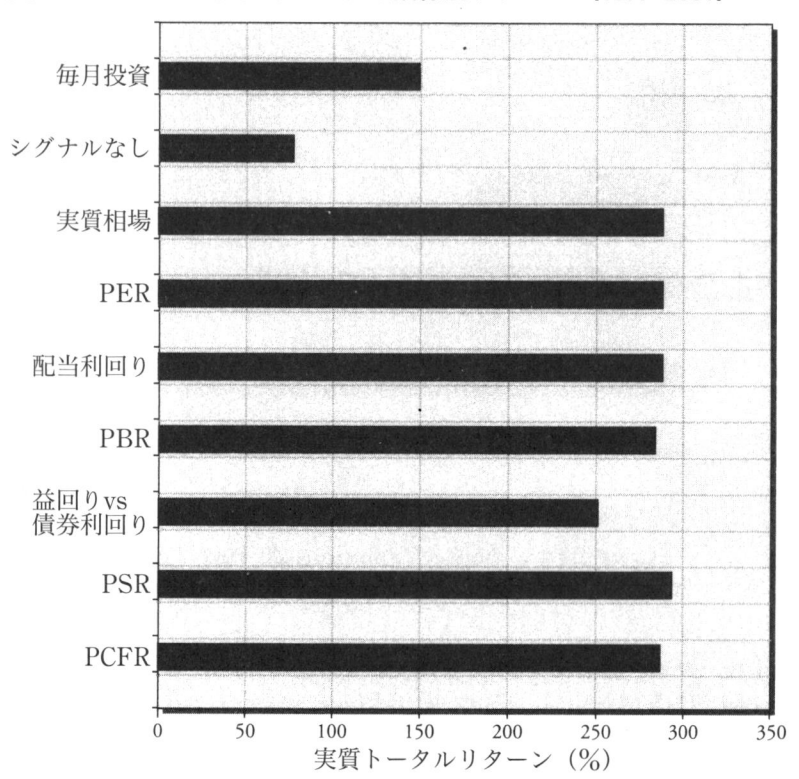

図7.15 マーケットタイミングの指標別リターン（1977-2001）

指標	実質トータルリターン（%）
毎月投資	約150
シグナルなし	約80
実質相場	約290
PER	約290
配当利回り	約285
PBR	約280
益回りvs債券利回り	約255
PSR	約295
PCFR	約285

ないかと急に思えてきた。

　プロメテウスでも、ティレシアスでもないし、スーパーマンのような透視力があるわけでもないが、株式市場に関するかぎり、このやり方がいちばん「当たらずとも遠からず」ということなのかもしれない。

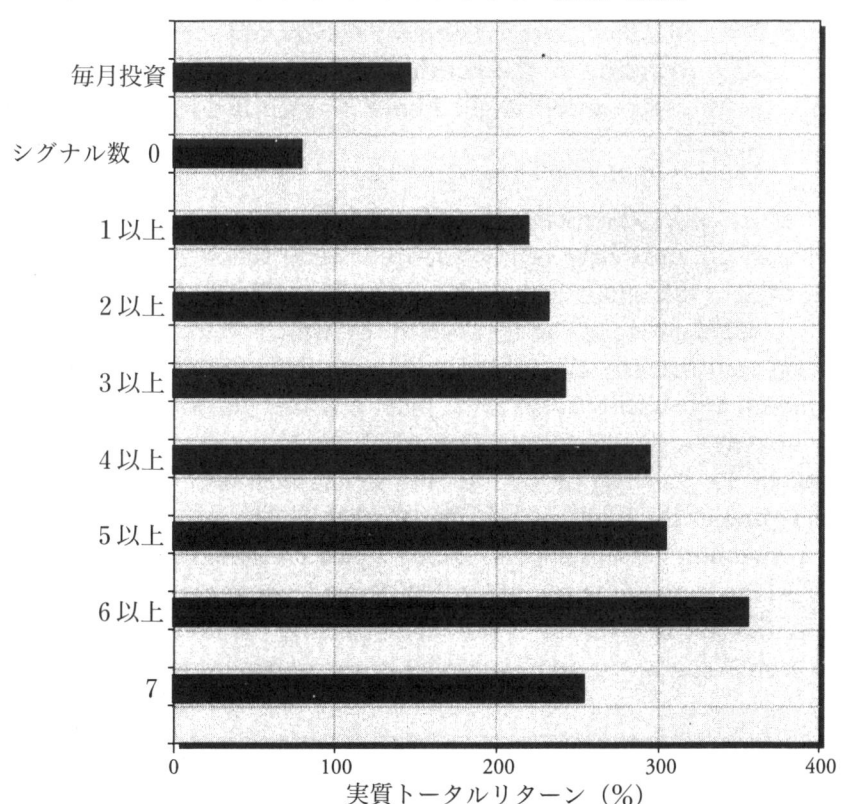

図7.16　マーケットタイミングのシグナル（1977-2001）

[図：横棒グラフ]
- 毎月投資：約150
- シグナル数 0：約80
- 1以上：約220
- 2以上：約230
- 3以上：約240
- 4以上：約290
- 5以上：約300
- 6以上：約350
- 7：約250

横軸：実質トータルリターン（％）

1977～2001年

　ここ最近の調査については、過去100年間を見てきたときに使用した指標、すなわち実質相場、PER（株価収益率）、配当利回りに新たに3つの指標、株式益回りvs債券利回り、PSR（株価売上高

145

倍率)、PCFR(株価キャッシュフロー倍率)を加え、これまで利用してきたトービンのqの代わりにPBR(株価純資産倍率)を使うことにした。

　図7.15は過去25年間、毎月これらの指標を用いてタイミングを計りながら投資した場合の運用成績を示したもので、比較対象として、何が起ころうと毎月買ったノン・マーケットタイマー(=毎月投資)とマーケットタイミングのシグナルがひとつも点灯していないときにだけ買ったミスタイマー(=シグナルなし)のケースも調べた。前述の7つの指標のいずれかを使って投資したマーケットタイマーのリターンは、広く支持されているドルコスト平均法の実践者よりも平均して87%も高かったということに注目してほしい。

　これらの指標を組み合わせ、そのうちのいずれかひとつが買いシグナルを発している月にだけ買っても、同じような結果が出ている(図7.16参照)。マーケットタイミングのシグナルがにぎやかに点灯するほど、ご機嫌な結果となっているが、"例外"もある。7つすべての指標が買いシグナルを発するまで買いを見送っていると、トータルリターンがガタ落ちするということだ。これはさして不思議なことではない。いわゆる「機会費用」といわれるもののせいで、債券市場においてめったに出ないシグナルを待っていたことが原因である。このシグナルが出ることはまれなので、完全に無視してしまってもかまわないだろう。

　次に、すべてのマーケットタイミングのシグナルを基準に各月を割高・割安の程度によって4つのグループにランク分けした。
- 先ほど各年をランク付けしたときと同じように、0から3の点数制によって各月をランク付けした。
- ドルコスト平均法に従って投資し、マーケットタイミングのシグ

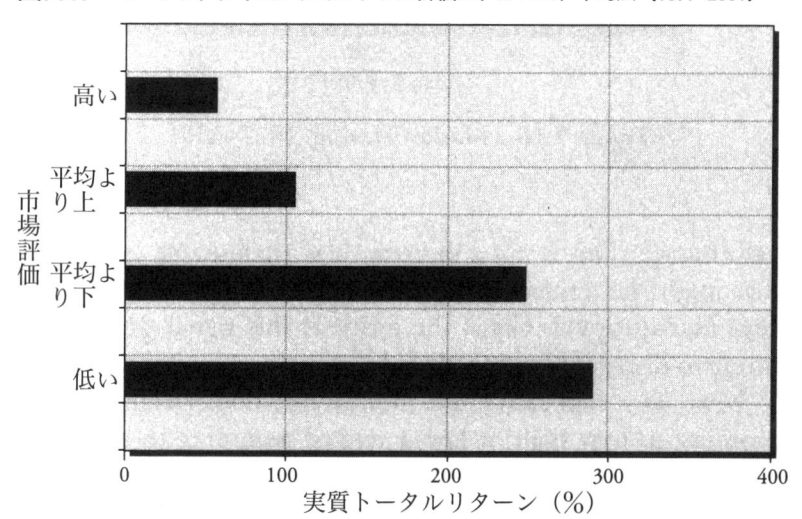

図7.17　マーケットタイミングのシグナル評価とドルコスト平均法（1977-2001）

市場評価：高い／平均より上／平均より下／低い
実質トータルリターン（%）

ナルが市場をどのように評価しているかによって「高い」「平均より上」「平均より下」「低い」の４つに分類した。

ここでもまたドルコスト平均法によって過去25年間、投資してきた結果、トータルリターンのグラフは購入時の市場評価に従ってきれいな配列を見せている（**図7.17参照**）。

こうしたデータを見れば、マーケットタイミングの手法がうまく機能しているのが手に取るように分かる。マーケットタイミングを計ったからといって、星のかなたまで行ける宇宙船に飛び乗ったことにはならないが、何よりも株が割高な年に投資を見送ることによってトータルリターンを押し上げることができるのである。株が４

つの指標すべてから割高と評価された年は過去100年間のうち36年もある。マーケットタイマーの勝因は周囲の投資熱にもかかわらず、こうした時期に投資を見合わせたことにある。投資で成功する秘訣は、話題沸騰の人気株やミューチュアルファンド（投資信託）を買うことでも、マネー誌の表紙を飾るような経験豊かなブローカーやポートフォリオマネジャーを選ぶことでもない。いずれも数カ月もたてば熱が冷めてしまうのが落ちだ。成功の秘訣とは、これまでにない素晴らしい功績を達成するために物理学の法則を利用して宇宙時代をシミュレートした精巧な〝ブラックボックス〟のような構造不明のモノとも違う。**成功の秘訣とは、致命傷となる過ちを避けることだ。**マーケットタイミングを読むことで、①投資に最悪の年を避けることができるため、株に余計なお金を使わずに済み、②空が落ちてくるかのように人が株から逃げていくときこそ絶好の投資機会であることに気づかせてくれるため、安値を拾うことができる——つまり、秘訣など実に単純明快なことなのだ。

　実際、マーケットタイミングの手法はかなり有効に機能するため、ノン・マーケットタイマーのリターンもまったく同じメカニズムに左右されることになる。つまり、購入時期が幸運にも市場が割安のときに集中していれば、リターンは上がり、市場が割高であれば、リターンは下がることになる。このようにドルコスト平均法なら、少なくとも良い年から得た利益で悪い年をカバーすることができるが、一括投資の場合はそうはいかない。個人投資家の場合、市場が割高の年に一括投資をしてしまうと、それが命取りになる可能性もあるのだ。

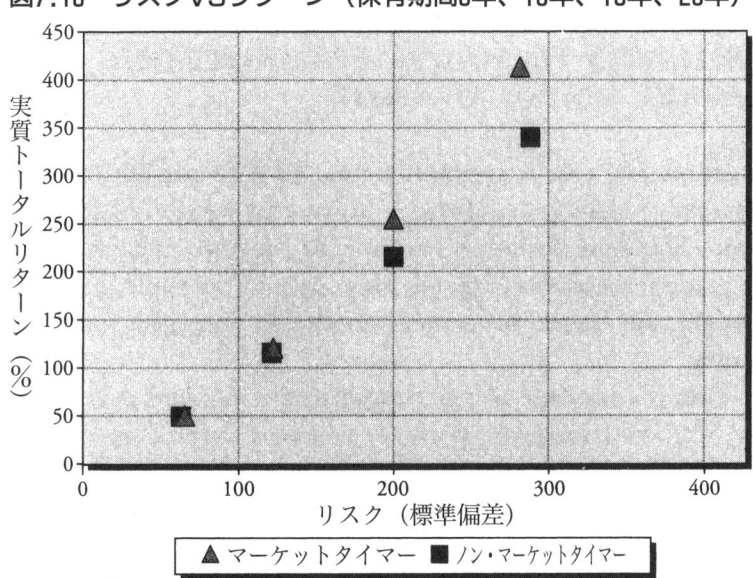

図7.18　リスクvsリターン（保有期間5年、10年、15年、20年）

（縦軸：実質トータルリターン（%）／横軸：リスク（標準偏差）／▲ マーケットタイマー　■ ノン・マーケットタイマー）

マーケットタイミングとリスクに関するテクニカル的な注意

　株式市場のリスクは通常、「標準偏差」なるもので見ることができる。これは平均値からのバラツキの度合いを統計的に測る尺度だ。標準偏差はいたって測定しやすく、大学院生がこれをテーマに次々に論文を書くことができるくらい簡単だ。しかし投資家にとっては、論文を書くよりも、お金を失うかどうかのほうに関心があるだろう。
　「ベータ値」とはS&P500全体の標準偏差に固定されたリスク指標で、ベンチマークのベータ値は「1」とされる。これまで調査し

てきたように、S&P500に投資してそれぞれを比較する利点は、いずれもベータ値が同じであるということだ。

では、リスクも同じだろうか。必ずしもそうとは限らない。比較する期間が違うので（例えば1902年から2001年にかけて毎年投資したとして各年を起点に10年間保有した場合と、この期間中の特定の期間とを比較する場合など）、それぞれの標準偏差あるいは固有の「リスク」は違ってくる可能性がある。

図7.18はこれまでとは違うタイプのグラフである。縦軸は実質トータルリターンで、上に行くほど、投資リターンが高いことを示している。横軸はリスクの度合い（標準偏差）を示しており、向かって右に行くほど投資リスクが高くなる。あるいはもっと正確に言えば、右に行くほど、リターンを手に入れる過程での変動率が大きいことを示している。この種のチャートを見れば、特定の投資に関するリスクとリターンがトレードオフの関係にあることが分かる。理想的な投資はローリスク・ハイリターン（横軸が左寄りで、縦軸が上寄り）だが、残念ながら、リスクをとって投資するからこそ見返りが得られる以上、こうした理想的な投資パターンは存在しない。とはいえ、現実の世界において投資のリスク・リターンのトレードオフを比較してみることは可能である。

このグラフではマーケットタイマー（▲）とノン・マーケットタイマー（■）の5年後、10年後、15年後、20年後のリターンを示している。5年リターンはいずれも左隅にあり、ほぼ重なっている。このすぐ斜め上の対角線上にあるのが10年リターンで、これもほとんど重なり合っている。しかし、その次にある15年リターンについては、2点は分離している。マーケットタイマーのほうが、若干リスクが大きいだけなのに、リターンはかなり高い。20年リターン

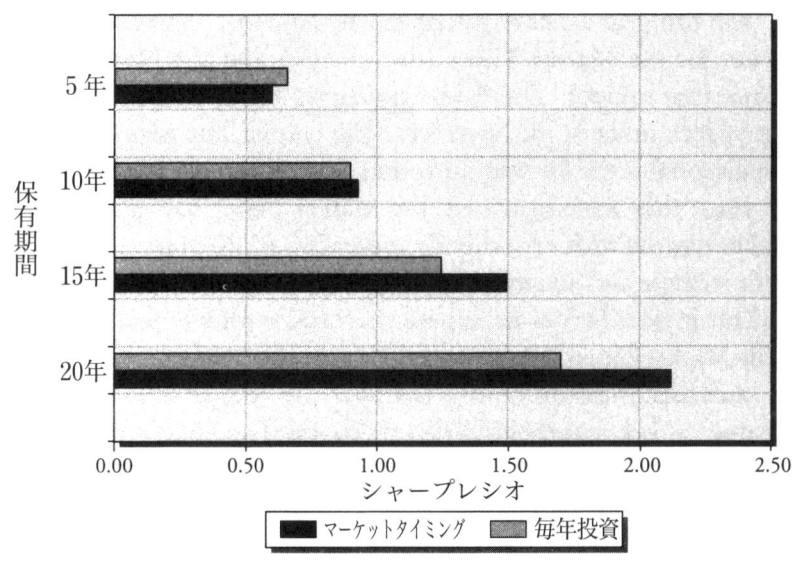

図7.19　シャープレシオ

保有期間別のシャープレシオを示す横棒グラフ。横軸は0.00〜2.50、縦軸は保有期間（5年、10年、15年、20年）。凡例は「マーケットタイミング」と「毎年投資」。

（右端上方の▲と■）となると、マーケットタイマーは同時に二度おいしい思いをしている。つまり、ノン・マーケットタイマーよりも小さいリスクで断然大きいリターンを得ているのである。

　リスクを測るもうひとつの尺度は、考案者であるノーベル賞経済学者ウィリアム・シャープの名前にちなみ「シャープレシオ」あるいは「シャープ測度」と呼ばれている。シャープレシオは、実際の投資リターンから、一定期間における無リスク資産（TB3カ月物）のリターンを差し引き、その超過リターンを標準偏差で割って算出する。シャープレシオは値が大きいほうが良いとされる。というのも、値が大きいほど、リスク調整後の投資リターンが高いことになるからだ。TB（割引短期国債）のシャープレシオは「0」で

ある。だから、リスク調整後のリターンがこれよりも低い場合は、お金をかけてまでリスクをとる意味はないということだ。

　図7.19を見てほしい。これは買いシグナルが少なくともひとつ点灯しているときに投資し、保有期間が5年、10年、15年、20年の場合の各シャープレシオを示したもので、ノン・マーケットタイマーが同期間に投資して同様に保有した場合（＝毎年投資）のシャープレシオと比較できるようにしてある。シャープレシオを見てみると、保有期間が5年ではマーケットタイミングを計っても、リスクを調整してしまうと、メリットはないが、保有期間が長くなるにつれ、絶対リターンだけでなく、リスク調整済みのリターンで見ても有利となっているのが分かる。

　標準偏差は各リターンが平均値からどの程度外れているかを示す中立的な尺度で、必ずしもリスクと同じではないということを覚えておいてほしい。そのブレ方はみな一様というわけではない。ある年に上方に大きくブレて、並外れたリターンが得られたなら、それは素晴らしいことであって、けっして悪いことではない。下ブレしたとき（そしてそれが意味する、損をする可能性）だけが夜な夜な投資家を眠れなくするのだ。マーケットタイマーとノン・マーケットタイマーの標準偏差は左右対称というわけではない。長期マーケットタイマーの場合、リターンの標準偏差は上ブレ傾向にあり、ノン・マーケットタイマーの場合は下ブレ傾向にある。

　ドルコスト平均法実践者の場合はもっと複雑だ。例によってマーケットタイマーもノン・マーケットタイマーも株式ポートフォリオはS&P500だけなので、当然のことながら、ベータ値はいずれも「1」となる。しかし、マーケットタイマーは投資額を2倍にしているため、場合によってはノン・マーケットタイマーよりも多くの

資金を株につぎ込んでいることも考えられ、儲けも損も大きくなる可能性がある。しかしその一方で、マーケットタイマーはTB（定義上、ベータ値はゼロ）を単独で、あるいは株と組み合わせて保有していることも考えられるため、ポートフォリオのリスクは、株しか持っていないドルコスト平均法実践者よりも小さくなる。この100年間のデータが何らかのガイド役になるとすれば、マーケットタイマーのリスクは保有期間が長くなるほど、小さくなるものと思われる。なぜなら、ドルコスト平均法は結局のところ、投資するのが年1回であろうと月1回であろうと、連続して一括投資しているのと同じことなので、すでにグラフ化した一括投資のリスク・リターン特性と同じではないかと思われるからだ。

　統計的なことはともかくとして、市場評価をベースにマーケットタイミングを狙うとリスクが小さくなるという本当の理由は、取得原価が下がるため、実際に失う可能性のある金額がそれだけ少なくて済むということにある。安いときに拾っておけば、値下がりしても、たかが知れているので恐れることはない。しかし、かなり高いときに手を出せば、10年も20年も塩漬けになってしまうかもしれない。これが株のリスクなのだ。また、マーケットタイマーの場合、自己資金の一部を無リスクのキャッシュという形で保有しているケースが多いので、下ブレ・リスクも軽減されることになる。株の値踏みをすることとダーツを投げることの違い——それがマーケットタイミングなのである。

　次からは、われわれのデータを武器として、この理論を実践する方法について見ていくことにしよう。

第8章
マーケットタイミングを狙う
Using Market Timing

　ウォール街の「不可知論」など当てにならないものだ。株を買うときは株価をおろそかにしてはいけない。
　証券業界では客をおだてては、長期投資家なのだと思い込ませたがる。たとえあなたが今朝、投資を始めたばかりであってもだ。長期投資家なのだと信じ込ませることができれば、株価などどうでもよくなる。子どもでもみな"知っている"ように、株は長期的に見れば、必ず値上がりするからだ。これなら、今日にも客に株を買わせることができる。これが売り込み戦術というやつだ。
　「長期投資家」とはそんなに気軽に使える称号ではない。その意味するところは、個人的にも政治的にも経済的にも最悪ともいえる危機にあっても、20年、30年とじっと売らずに持ち続けていたということなのだ。例えば、株価が半値に下がっても、帰宅したら妻子とともに夕食を食べ、相変わらず株を手放さずにいたということ。あるいは、株式市場が毎日５％ずつ上昇しているときに、ひたすら債券を持ち続けていたということだ。もしあなたが長期投資家だとしたら、それはつまり、株を実際に長期間保有していたということになる——それも、アクション映画のラストシーンで打ちのめされ

て血を流し、泥まみれになって服もずたずたのアーノルド・シュワルツェネッガーのように、顔には断固たる決意の表情を浮かべているかもしれない。盲目的な「バイ・アンド・ホールド戦略」にはある程度の限界があることを示してきたつもりだが、はっきり言えるのは、20年か30年にわたって株式市場に参加してきたあなたにはそれだけの勇気があるということだ。

　ウォーレン・バフェットは長期派の投資家である。しかし彼ほど注意深く低位株を観察している者はいない。長期派だからといって、資産を購入するときに価格がいくらでもかまわないというわけではないのである。最初から割高なものを買ってしまったら、ミスター・マーケット（気まぐれな市場）にいずれ思い知らされることになるだろう。きっと自分の愚かさに気づき、市場が大荒れになりそうだというだけで、もう逃げ出したい衝動に駆られるに違いない。金融業界からサービスを受けているいわゆる「長期投資家」の多くは２〜３年もすれば、市場から遠のいてしまうのが落ちなのだ。

　「株式長期投資」はバリュー（割安株）指標を基準にマーケットタイミングを計ることと同じ延長線上にあるにもかかわらず、金融業界によって「買値はどうでもいい」と誤解されていることが多い。セールスマンのABCは「Always Be Closing」、つまり「常に商いを決めること」なので、「株式長期投資」という言葉が不確実な"明日"ではなく、"今すぐ"株を買わせるためのスローガンになっているのである。

　多くの場合、株価を無視するように言われると、とてもうれしくなるが、これは株式の価値を評価する方法を知らないからだ。これが今の投資時代のパラドックスである。つまり、常に株に投資していないといけないように言われるが、その一方で、株式の本当の価

値がどのくらいあるか分かっていない。個別銘柄の株価は知っていても、その価値については何も知らないのである。

脱構築主義が主要な知的小活動となっている時代においては、ティッカー（株価表示機）に流れる数字を株価以外のものとは無関係の、株価を指すもうひとつのテクストにすぎないとみなすようになっても、驚くべきことではないのかもしれない。ウォール街が生んだのは、クオートロンの端末から得られる株価情報が株式の価値だと考える唯名論者の世代であって、その内在価値を追究しようとする実在論者の世代ではなかったのである。

ニーチェは自らを「音叉を持った哲学者」と呼んでいたが、これはすべての命題を検証し、真実の響きがあることを確かめていたからだ。われわれも音叉を持った投資家になって、取引ごとに検証し、真実の響きがあることを確認しないといけない。これまで説明してきた基本的な評価尺度がちょうどその音叉というわけだ。

マーケットタイミングは保守的な投資プランにおいて採用すべき手法である。つまり、何よりもまず自分の総資産と負債、年齢、責任と義務、キャッシュフロー、そして各自の生活に特有な他の要素を考慮に入れた全体的な計画と目標に見合うものでなければならない。健康保険にも加入していない、あるいは週給が500ドルしかなのにVISAカードの支払い請求額が２万ドルもあるような状態でマーケットタイミングのことを心配するのは、目先のことしか見ていないということだ。

そこで、投資判断を下すうえで指針となる原則を以下に紹介しておこう。

1．安く買う

　相場が割安であることを示すシグナルが少なくとも１つ以上点灯しているときが買い場となるが、シグナルが２つ以上点灯しているほうがはるかにいい。しかし歴史的に見れば、青信号がたとえ１つでも、１つもない場合に比べれば、断然良い結果を生んでいる。1926年以降、マーケットタイミングのシグナルを参考にして買っていたとすれば、20年後のリターンが上位15位に入る年に必ず投資し、下位15位に入る年には完全に見送っていたことになる。やはり、この方法は本物というわけだ。

2．高く売る

　20世紀、S&P500は７ポイントで始まり、史上最高値に迫る1148ポイントで終わった。ということは、この間はもう少し我慢して売らずにいれば、S&P500はまだまだ上がっていた可能性があるわけで、そういう意味では売らないほうがよかったと言えるのかもしれない。
　金融業界では株を保有すること自体が目的として価値あるものとみなされているが、たいていの人は一時的に株を買ったにすぎず、売ったあとのお金の使い道をあれこれと考えているものだ。持ち株をどうせ売らなければならないのなら、本書で扱った尺度を基準に割高のときに売るほうがいいに決まっている。そこで今度は、安値を拾うのではなく、高値で売り抜けることを念頭において本書の図表をざっと見直してみるといいだろう。買ってから10年後か20年後のデータを見てみれば、どれほど良い成績を収めているかが分かる

だろう。

3．分散、分散、分散

もう一度言う。分散だ。経済新聞が株や最近話題のミューチュアルファンド（投資信託）について延々と宣伝しているが、**保守的な投資家なら常に同じアセットクラス内や別のアセットクラスにおいて広く分散投資を図るべきである**。つまり、キャッシュ、債券、不動産、株などいろいろな資産を持て、ということだ。

キャッシュ

「キャッシュ」というのは当座預金や普通預金、短期の譲渡性預金（CD）、割引短期国債（TB）、マネー・マーケット・アカウント（MMA）などにつぎ込まれている、いつでも使える現金のことだ。インフレの上昇率に追いつくか追いつかないかくらいのわずかな利息しかつかないと言って嫌う人もいるが、キャッシュにも利点はある。株式市場が20％、30％、40％と下落していく局面ではキャッシュの良さがますますよく分かるというもの。他の資産が値崩れしても、キャッシュの金額は変わらない。これだけでもかなりの救いとなる。株で大儲けしても、何日かのうちに一文無しになる可能性もある。だから、そんな連中の仲間になってはいけない。キャッシュ——これはなかなか素晴らしいものだ。

ここでひとこと"警告"しておこう。運悪く、客を大事にしない証券会社に当たると、MMAにほとんど利息がつかないことがよくある。税引き後でも、できるかぎり高い利息をもらえるところを探

すようにしよう。バロンズ誌やウォール・ストリート・ジャーナル紙に毎週、高利回りMMAのリストが掲載されているし、インターネットでhttp://www.ibcdata.com/などのサイトを検索してみるのもいいだろう。あるいは高利回りのマネー・マーケット・ファンド（MMF）を見つけるようにしよう。ただし、売り込むために一定期間だけ特別レートをつけるようなインチキをしていないものを選ぶことだ。

あとは、自分の手の届く口座に日常の出費をカバーするのに十分なキャッシュと非常事態に備えて半年分のキャッシュを余分に確保しておくようにしよう。ただし、これ以上の現金やかなりの大金を必要とするときもあるだろう。したがって、自分の資産の10％をキャッシュで持っておくのは何ら悪いことではない。そうしたからといって、インベスターズ・ビジネス・デイリー（IBD）紙のだれかにとっつかまることなどけっしてないのだから。

不動産

たいていのアメリカ人にとって持ち家はいちばん重要な資産だ。ファイナンシャルアドバイザーのなかには、自宅は資産のうちに入れないようにとアドバイスする人もいる。しかし、これは間違いだ。われわれはカリフォルニア州に住んでいるが、1990年代に大量の株式ポートフォリオを保有していた知り合いの大金持ちの多くは、今ではそれほどお金持ちではない。われわれの知っている今現在のお金持ちといえば、マイホームを持っている人たちのように思える。こうした状況は来年にはもう変わっているかもしれないが、今のところ、彼らは大いに満足しているようだ。

家にもデメリットはあるので、今のうちにはっきりしておこう。家は割と流動性がなく、分散しにくい資産である。売買には多額の取引コストがかかるし、維持費も高い。しかも、家の価値はあっという間に下がりかねない。とはいえ、家には素晴らしい点がたくさんあり、それらを褒めてやるべきだろう。なにしろ、途方もない安心感と心のやすらぎを与えてくれるし、風雨や外界の厳しさからわれわれを守ってくれる。長期間、その価値を堅持し、インフレにも抵抗力がある。

　これでもまだ足りなければ、これではどうだろう。政府が持ち家を奨励しているため、思い切って家を買えば、税金を大幅に免除してもらえる。住宅ローンの利子はおそらく丸々控除対象となるだろうから、家の購入費用は長期間、安く借りられることになる。家を売るときも、それが主として居住用の住宅で、そこに2年以上住んでいれば、ひとり25万ドルまでの売却益にはキャピタルゲイン税がかからない。これだけではない。帰属家賃（**訳者注　持ち家を借家と仮定して市場家賃で評価した計算上の家賃**）は非課税となる。例えば、持ち家と同じような家を借りた場合に毎年の家賃が2万5000ドルあるいは25万ドルなら、その分が課税対象外となって懐に残る。というわけで、マイホームとは愛すべきものなのである。

　自分の家を持つことはいいことだが、不動産投資信託（REIT）もいいものだ。これは多数の収益不動産に一括投資して、ポートフォリオの分散化を図りながら、一連の収益を配当していくものだ。保管には、できれば節税対策用の口座を利用するのがいいだろう。

　株と同様、家にも価格収益率（price/earnings ratio）というのがある。ここでいう「収益」とは、その家の賃貸価格（維持費控除後）のことで、仮に住宅価格が24万ドルで、それを賃貸すれば経費

控除後に毎月1000ドルの収益が得られるなら、価格収益率は24万ドル÷1万2000ドル＝20倍となる。価格収益率は相互の比較あるいは過去との比較において、近隣の住宅価格がどのくらい割高かを判断するバロメーターとして利用することができる。株と同様、不動産バブルで狂ったように土地が高騰しているときに家を買うようなまねはくれぐれもしないでほしい。

マイホームの価格も上下するが、悪徳CEOによって家を管理されたり、搾取されたりする心配はないし、家が突然紙くずになってしまう恐れもない。あなたはいつでもそこに住むことができる。これは非常に重要なことだ。

債券

確定利付き投資にはいろいろなタイプのものがあるが、債券も償還期限や発行体の信用度によってさまざまなものがある。通常、長期債は短期債よりも利率が高いが、デフォルト（債務不履行）の可能性のある企業の社債は、投資家を引き付けるために連邦政府機関債などよりも利率が高めに設定されている。

アカデミックな調査によれば、償還期限の長い債券を保有していても得るものは少ないという。長期債は特にインフレによる悪影響を受けやすいからだ。これは「金利リスク」と呼ばれ、利率が高めでも、それを上回るほどの悪影響がある。また、ハイイールド債（いわゆるジャンク債）は一般にデフォルトの確率が高いことを考慮すれば、利息収入が特に多いとは言えないことも、調査で明らかになっている。

仮に5000万ドルの債券ポートフォリオを自主運用しているのであ

れば、債券を個別に買うことを考えたほうがいいかもしれない。そうでなければ、経費率が低く、販売手数料のかからない高格付けの短期債ミューチュアルファンド（投資信託）を購入したほうがいいだろう。ただし、国債は例外で、http://www.publicdebt.treas.gov/sec/sectrdir.htm/のサイトにおいてアメリカ政府から取引手数料なしで直接買うことができる。ダラス・モーニング・ニュース紙の敏腕コラムニスト、スコット・バーンズは2002年12月17日付の記事で、単純に5年物のTノート（中期国債）を買ったほうが、約87％の確率で国債ファンドよりもパフォーマンスが良いことを指摘している。

地方債は少なくとも所得税の税率等級が最低以外の人にとって、課税口座で保有するには打ってつけの債券である。地方公共団体にはお金が必要である。このため、地方債の利息には連邦税がかからず、通常、その債券が発行された州では州税も免除されるという魅力を持っている。本書執筆中の現在、地方債の利回りは約5％、高格付け社債の利回りは約7％となっている。

アメリカ政府はインフレ連動債（TIPS）を発行している。過去の経験から言えば、確定利付き債の保有者にとって最大のリスクはインフレである。インフレは債券の元本および利子双方の価値を目減りさせてしまうからだ。インフレ連動債はこうしたリスクへの防衛策となり、デフレ時にも価格が下落する心配はない。元本部分が消費者物価指数（CPI）に連動して調整されることになっているからだ。これは事実上、他の長期債とは違い、TIPSなら償還期限が長くても、不利益を被ることがないということだ。今のところ、こうした便利なインフレ連動型の債券ファンドを設定している会社は、バンガード、フィデリティ、ピムコをはじめ、ごくわずかしかない

が、これからもっと増えていくだろう。こうした債券の年間の未収収益は課税対象となるので、非課税口座で保管しておくのがいちばんだろう。

　イアン・フレミングが007のエージェント名を「ジェームズ・ストック」（株式）としなかったのには理由がある。人はみなポートフォリオに「ボンド」（債券）を入れておくのが好きだからだ。時計仕掛けのように一定して利金が受け取れるのは、とても気持ちのいいものだ。

　投資ポートフォリオのなかで債券が占める割合はどのくらいにすべきだろうか。年金基金では通常、長期投資用に株60％、債券40％に配分しているが、その恩恵は人によってそれぞれ違うだろう。とりあえず、自分の年齢と同じ割合で始めてみるといいかもしれない。25歳ならポートフォリオの25％を債券にする。50歳ならポートフォリオの50％を債券にする、といった具合だ。すごく丈夫で健康な人なら、債券の割合をもっと減らしたほうがいいかもしれない。ただし、答えはこれだけではない。ベンジャミン・グレアムによれば、初期設定としては株50％、債券50％というのが適切だそうだが、相場状況に応じて最大25％まではどちらかに持ち高を傾けてもかまわないとのこと。グレアムなら、株式市場が割高のときは戦術的に資金をより多く債券のほうにシフトするように言うだろう。そして、市場が割安のときは、株を買いにいく絶好のチャンスというわけだ。それで、まあ、万一マジック・エイトボール（**訳者注　**質問すると、20通りの答えが返ってくるビリヤードの8番ボールの形をした占い用のオモチャ）から「またあとで質問しろ」と言われたなら、手堅く50対50の配分を維持しておくのがいいだろう。

　なお、課税対象となる口座で債券ファンドを購入する場合は、分

配金が支払われる直前に買わないように注意しよう。でないと、投資した資金の一部があっという間に課税される形で戻ってくることになるからだ（これは特に年末に株式ファンドを買う場合にも同じことが言えるので、気をつけてほしい）。

株式

　株は奇跡を起こしてくれるときもあれば、袋のなかのヘビのようでもある。調子がいいときはポートフォリオに"麻薬"のようなパワーを与えて成長させてくれることが多いが、手をかまれないように取り扱いには細心の注意が必要だ。というわけで、個別銘柄を買うことはお勧めしない。50銘柄ほどのポートフォリオをきちんとモニターしていくだけの気力がないかぎり、「非システマティックリスク」なるものを抱えることになるからだ。これは個別銘柄に特有の価格変動リスクで、株式市場全体のリスクよりも大きなものだ。例えば、袋のなかに黒と白のおはじきがそれぞれ100個ずつ入っているとしよう。なかに手を入れて5個取り出したら、白が4個と黒が1個だった。サンプリングの誤差によって、結果にゆがみが生じたのだ。これが吉と出るか、凶と出るかは分からない。しかし予想が外れても、だれもあなたのミスを引き受けてはくれない。こうした異例の結果をわざわざ出す必要はないし、それを当てたところで、何の報いもない。最初からおはじきを全部持っているほうが安全だ。S&P500にはアメリカの大型株上位500銘柄が採用されている――つまり、絶えず新入りが入ってきては、負け組を押し出していく勝ち組グループというわけだ。

　ひと握りの株で勝負に出ようと決めても、気の毒だがS&P500全

体よりも良い成果は望めないだろう。アクティブ型のファンドマネジャーのほとんどが市場平均に勝てないことは、調査によって何度も証明されていることだ。CNBCや『ウォール・ストリート・ウイーク』などの番組に登場する賢そうな人たちはみな高級スーツに身を固め、ヘアスタイルもバッチリで、時間をかけて研究し、ありとあらゆる情報を持っているにもかかわらず、その運用成績は幾度となく市場平均を下回っている。株式に関して知り得ることはほぼすべて株価に織り込み済みなので、いくら銘柄を選び抜いても特に付加価値が付くわけではない（実際、マイナス面のほうが多かったりする）。そのうえ、売買手数料や管理料、売値と買値のスプレッド、税金などが持ち株を食うことになるのだ。

　しかし、アクティブ型のファンドマネジャーが一貫してS&P500に勝てないおかげで、一般投資家は実際には得をすることになる。というのも、プロが自らの能力を駆使して絶えず値付けしてくれているため、われわれはそれにタダ乗りすればいいからだ。各銘柄の適正価格を全部自分で見いださなければならないとしたら、どれだけ大変なことか想像してみてほしい。賢明な投資家は他者に面倒な仕事をやらせて、自分はその努力に便乗する。「愚か者がご馳走を提供し、賢者がそれを食す」とはベンジャミン・フランクリンの言葉だ。ズブの素人がフィールドに出て行って、プロを打ち負かすことができる分野は他にはない。チェスやテニスはどうか。まず、あり得ない。土曜日の朝、バスケットボールでシュートを楽しんでいるあなたはかなりの腕前かもしれない。しかしシャックやコービーと同じコートに立てば、こてんぱんにやられるだろう。ハンディの少ないあなたはゴルフコースでいつも友だちからお金を巻き上げているかもしれない。しかしタイガー・ウッズとプレーすれば、きっ

と負けるだろう。でもS&P500を丸ごと買えば、シャックやタイガーとまったく対等に戦えるばかりか、たいていは勝てるだろう……などと言うと、株の銘柄選択には本当に専門知識などいるのかという疑問が出てくるが、これはまた別の機会にお話しすることにしよう。

こちらとしてはプライドどころか、かなりの大金がかかっているため、アクティブ型の銘柄選択とパッシブ型のインデックス運用の問題となると、つい熱くなってしまう。こうした話にさらにご興味のある方はバートン・マルキールの名著『ウォール街のランダム・ウォーカー』（日本経済新聞社刊）をお読みいただければと思う。とはいえ、われわれの哲学に従ってマーケットタイミングを計るとき、なぜインデックスを買うのか。これにはもっと切実な理由がある。

本書の調査は過去100年間にわたるS&P500のパフォーマンスをベースとしているが、S&P500が正式に導入された1926年以前については、定評あるコールズの学問的再構築に基づいている。S&P500を丸ごと買えば、これまで概説してきた結果を可能なかぎり再現できるとは思うが、果たして歴史は本当に繰り返すのかというのが問題だ。

ぶっちゃけた話、われわれには個別銘柄の売買タイミングは分からない。もしあなたが個別銘柄の道を選ぶのなら、ここでお別れだ。幸運を祈る。本書の目的は、市場全体をもっと手堅く買いたいと望むリスク回避型の保守的な投資家のお役に立つことだからだ。

今日、S&P500のインデックスファンドはたいていどこでも取り扱っている。大御所的な存在はバンガードのS&P500ファンド（銘柄コードVFINX）だが、フィデリティ（FSMKX）、T・ロウ・プ

ライス（PREIX）、シュワブ（SWPIX）などでも同様のファンドを扱っている。ただし、やたらに経費率が高い場合があるので、気をつけてほしい。証券会社に口座を設定しているのなら、他の株と同じように「スパイダース」ことSPDRs（銘柄コードSPY）や「iシェアーズ」（IVV）を購入することもできる。

　「バンガード・インデックス500」のようなミューチュアルファンド（投資信託）や「スパイダース」のようなETF（株価指数連動型上場投資信託）はいずれも同じインデックス（S&P500）で運用されているため、乗り換え可能である。インデックスファンドは委託手数料なしで購入できるので、定期的に買い増しする人にとっては理想的だが、換金するのが面倒で、大引け後にその純資産価額（NAV）でしか売買できない。一方、「スパイダース」や「iシェアーズ」は市場が開いている間はいつでも売買できるが、委託手数料が必要だ。S&P500のインデックスファンドなら販売手数料（ロード）も払わずに済む。

　最近は株価が全体的に大きく下げているため、ちょっとしたおまけのメリットが得られるようになっている。こうしたファンドの多くは（特に最近設定されたものは）値下がりしているため、キャピタルロスを抱えているからだ。つまり、今後どんどん値上がりしても、当分の間は帳簿上抱えている損失によって相殺されるということだ（**訳者注**　つまり税金面で得ということ。なお、本書の原書が刊行されたのは2003年4月）。

　とはいえ、何が何でもS&P500だけがいちばんだと主張するつもりはない。株式ポートフォリオのなかに外国株や小型株のインデックスファンドを組み込めば、変化に富んだリターンが得られるだろう。この手のファンドはいろいろなところで購入できるが、401k

プラン（確定拠出型企業年金）の限られたメニューのなかには入っていないかもしれない。S&P500のインデックスファンドは現在、大型グロース（成長株）ファンドに属するため、投資家によっては、低PBR（株価純資産倍率）の〝バリュー（割安株）型〟のインデックスファンドを内外から買ってポートフォリオのバランスを図りたいとお考えの方もいるかもしれない。こうしたアプローチは大いに賛成できるが、われわれとしては「ダイヤモンド」もいたく気に入っている。これは彼女の大好きな例のアレではなく、ダウ工業株30種平均に連動したETF（銘柄コードDIA）のことだ。もっとも、本書で紹介した調査はいずれもS&P500を対象としたものだが。

　5年後に家の購入資金が必要、あるいは10年後に大学の授業料が必要というのであれば、ポートフォリオのなかにどのくらい株を組み入れるかというのは議論の余地のある問題である。最高に運が良ければ、他のアセットクラスよりも劇的に高いリターンが得られるが、大損して不眠症になる恐れもある。

　19世紀を通してアメリカ株の複利ベースのリターンは素晴らしいものとされてきたが、実は「生存者バイアス」の影響によるものであることが明らかになっている。つまり、こうしたリターンは19世紀末時点で生き延びていた企業だけを使って計算されており、運河株や鉱山株、小都市の銀行株など、この間に消えていった数え切れないほどの企業の株は考慮に入れられていない。というわけで、歴史的に見て、株のパフォーマンスが他よりも優れているといっても安心はできないのである。

　仮に1901年に株式市場を買っていたとしたら、20年後でもまだ赤字である。買ったのが1906年でも、1921年には16％値下がりしている――これは配当をすべて再投資し、インフレ調整後の数値である。

同様に1928年末に買っても、1942年にはまだ19％下落したままだ（なお、この間に払わなければならなかった税金はすべて無視して計算してある）。1972年に買った場合は、1984年には１％足らず値上がりしているが、税金を考慮すると、まだマイナス圏にある。もっとも、これはアメリカの株式市場をベンチマークとした場合なので、野球で言えば、1950年代のニューヨーク・ヤンキースを基準にしたのとちょっと似ている。シカゴ・カブスのファンなら違う経験をしていたはずだ。アメリカは来世紀も次から次へと場外ホームランを打ち続けるかもしれないが、「平均値への回帰」に何らかの意味があるなら、アメリカ株式市場のパフォーマンスは海外市場のパフォーマンスにだんだん近づいていくのではないかと思う。ディムソン、マーシュ、ストーントンは共著『証券市場の真実』（東洋経済新報社刊）において、グローバル投資に関する101年間にわたる調査結果をまとめているが、保有期間が40年や50年でも、株のリターンが無リスクの割引短期国債（TB）の利回りを下回る可能性は大きい（その確率は17％から23％）という不吉な予言をしている。これでもさして気にならないというなら、あなたはあまり真剣に考えていないのかもしれない。

　100ドルの預金が110ドルになれば奇跡と言われるのに、１億ドルが１億1000万ドルになるのはほぼ当たり前のことだとされている。ここでの非情なパラドックスは、株の値上がりを切実に望む個人投資家ほど損をするだけの余裕がないのが普通だが、億万長者の大富豪や年金基金、財団法人などは何十年もの間、手をつけることなくお金を貯め込み、超過リターンを享受できるということだ。今ちょうど株を過大評価していた時期が終わったところだ。2011年になっても、持ち株の価値が2000年時点よりも低いということが本当にあ

り得るだろうか。

　もちろん十分にあり得ることだ。株価が１株利益をはるかに上回っているため、利益が株価に追いついてPER（株価収益率）が正常値に戻るまで、軽く10年はかかるかもしれない。当面はキャッシュや債券、不動産などのほうが運用成績は良いかもしれない。通常の場合、株は年に実質6.7％上昇してきたが、2000年のように年初から高かった場合はそうはいかない。

　われわれは分散投資を奨励しているが、オレンジジュースの先物のような商品取引やビンテージもののエレキギター「フェンダー・ストラトキャスター」などの収集品に投資することはお勧めしない。もっとも、あなたの本職が他人のそうした商品に対する熱狂によって利益を得るディーラーなら話は別だが。

　資産を広く分散しておけば、毎年の実質トータルリターンはS&P500などのインデックスとは連動しなくなるだろう。ナスダック総合指数が5000ポイントになろうが、200ポイントになろうが、あなたの持ち株はそうはならない。ポートフォリオの一部をインデックスに連動させるように運用することはいつでも可能だが、最初からすべてインデックスだけにしておけば、特に面倒な思いをすることもないだろう。あなたの株式ポートフォリオはやられているかもしれないが、あなたの町の住宅価格はどうなっているだろうか。

アセットアロケーション

　資金管理とは、アメフトで言えば、クォーターバック（QB）のスター選手とは違い、ディフェンスラインマン（DL）と同じくらいパッとしない仕事だ。前述の４つのアセットクラスのどこにどの

くらいの割合で自分の資産を配分するか、これから手に入る新規資金をどこに振り分けるか、常に決断を迫られる――これが「アセットアロケーション」（資産配分）というものだ。

　ポートフォリオマネジャーたちはこうしたことを大げさに騒ぎ立てるきらいがある。1990年、ハリー・マーコビッツがノーベル経済学賞を受賞した。選択した投資リスクのレベルに応じて最適ポートフォリオを構築することは可能だと提唱したのである。運用担当者たちはこの深遠なる奥義をまるでオレンジ・ジュリアス（**訳者注**　ウォーレン・バフェット傘下のファストフード店）秘伝のドリンクの作り方であるかのように頭上に掲げている。分散投資によって最適化を図ることで武装した彼らは自信をもって資金をどう配分すべきか、そのプランを必要とあらば小数点以下の桁まで正確にはじき出してくれる。

　ただし、ひとつだけ問題がある。彼らが分析のために要したデータがどの程度のものなのか分からないし、知ることもできない。株式や債券やその他のアセットクラスでも将来のリターンがどうなるかは、だれにも分からないし、各リターンの将来的なブレや相互の関連性についても、だれにも分からない。つまり、統計的に割り出したポートフォリオの配分はいずれも信じられないほど正確である一方で、単なる直感を飾り立てて、お化粧したものにすぎないということだ。ウィリアム・J・バーンスタインが指摘しているように、1977年から1996年における最適な資産の組み合わせは、アメリカの小型株、日本株、貴金属株を同じ比率で保有することだった。これだと、S&P500よりも年率ベースで3％も勝てたのである。しかしだからといって、今日どう投資すればいいのかという指針になるだろうか。答えは何であれ、ノーである。

とはいえ、過去のデータを使わないとすると、他に何を利用すればいいのだろうか。どのアセットクラスがいちばん値上がりするかが本当に分かるなら、資産配分の必要性は皆無となる——勝ち馬に賭けさえすればいいからだ。

答えはもうひとつある。市場全体を映す鏡のように投資先を分散することだ。しかし、グローバル市場の現実を反映すべく、資産の50％を外国株と外債に振り向けるようにとか、資産の20％を日本に投資するようにと勧める投資アドバイザーが果たして何人いるだろうか。最も熱心かつ有能な市場参加者でさえ、さすがにこの断崖絶壁からは後ずさりするだろう。

金融のプロがあなたに何を信じ込ませようと、資産配分に関する正解があらかじめ用意されているわけではない。つまり、裸の王様と同じなのだ。相場、PER（株価収益率）、配当利回り、PBR（株価純資産倍率）、PSR（株価売上高倍率）、PCFR（株価キャッシュフロー倍率）、株式益回りvs債券利回りなどはすべて株価の全体的な方向性を示唆してはくれるが、これは長期的に見てそうだというだけで、年単位で見れば、正確とは言えないのである。

ポートフォリオのリバランス

完璧な資産配分などあり得ないとするなら、ポートフォリオを絶えず「ピタゴラスの調和」のごとき状態に戻すことに意味を見いだすのは至難のわざである。ファイナンシャルプランナーたちはまるで腫れ物にでも触るかのように、マーケットタイミングなど狙うなと主張し、毎年ポートフォリオのバランスを見直すようにとクドクドと勧める。しかし見直すということは、密かにマーケットタイミ

ングを狙うのと同じことではないのか。つまり、異常に過大評価された資産を外して（＝高く売る）、値崩れしている資産を買い入れる（＝安く買う）ことに他ならないのである。

　問題はこうした短期的なブレが単なる市場の短期的な気まぐれのせいかもしれないということだ。問題なのは密かにマーケットタイミングを計っているということではなく、無節操にそうしていることだ。普通は年間の平均値をベンチマークとして使うが、これでは短すぎる。例えば、2001年の場合、株は12％値下がりしたが、債券は８％値上がりしている。ということは、債券を売って、そのぶん株を買え、ということだろうか。儀礼的にリバランスにこだわるファイナンシャルプランナーなら「イエス」と答えるだろう。これはとんでもないことだ。年末時点でS&P500のPERは40倍を超えていたのである。つまり、株価はまだ割高だったのだ。

　ポートフォリオのリバランスを行ったために、もっとひどくなるケースもある。

　２人の人間が1901年末にそれぞれ株に500ドル、債券に500ドル投資したとしよう。ひとりは100年間の間、自分の口座を野放しにしておく。もうひとりは毎年年末に株と債券の口座の見直しを周到に行い、上がっているほうを売って、その売却代金で、出遅れているほうを買い付けて差額の埋め合わせをする。例えば、年末時点での評価額が株600ドル、債券400ドルだとすると、100ドル分の株を売って、債券に乗り換え、両者の評価額が500ドルずつになるようにする。ただし、このときキャピタルゲイン税がかかることをお忘れなく。

　100年後の2001年末、野放しにしておいた口座の評価額はトータルで24万3727ドルとなり、常にリバランスを行っていたほうは８万

3001ドルにしかならなかったはずだ（これはこの間に支払った税金をすべて差し引いた額だ）。

　どうしてこのような大きな差異が生じたのだろうか。これまでも言い続けてきたことだが、20世紀は株にとっては良い時代だったが、債券にとってはそうではなかったからだ（これは債券にとっては天敵ともいえるインフレのせいだ）。野放しにしておいたほうのトータルリターン24万3727ドルのうち、実に24万1354ドルは株から得たものであり、当初500ドルだった債券はたったの2373ドルにしかならなかった。毎年、株を売って、債券につぎ込んでいたら、この長期投資家のトータルリターンは目も当てられない状態になっていたに違いない。

　ここでひとつ重要なことがある。毎年見直しを行っていたポートフォリオは、当初と同じ50対50でバランスが取れていることだ。何はともあれ、これがせめてもの慰めになるだろう。ポートフォリオを野放しにしていた投資家の資産配分は、1902年には株50％、債券50％だったのが2002年には株99％、債券１％となっている。これはたしかに、自分のひ孫がそろそろ退職間近といった年齢の人にとってはけっして賢明な割合ではない。

　しかし、あるアセットクラスが思い切り儲かっていて、別のアセットクラスが思い切りやられているために配分比率が偏ってしまい、とても分散投資とは言えない状態になってしまった場合、どうすればいいのだろうか。資産配分の調整をするときは、何を指標にすればいいのだろう。

　答えは、もちろん株式市場の評価尺度を使うこと。

　そして必要に応じてポートフォリオのリアロケーションを行うこと、つまり配分比率を変更することだ。ただし、株価が割安のとき

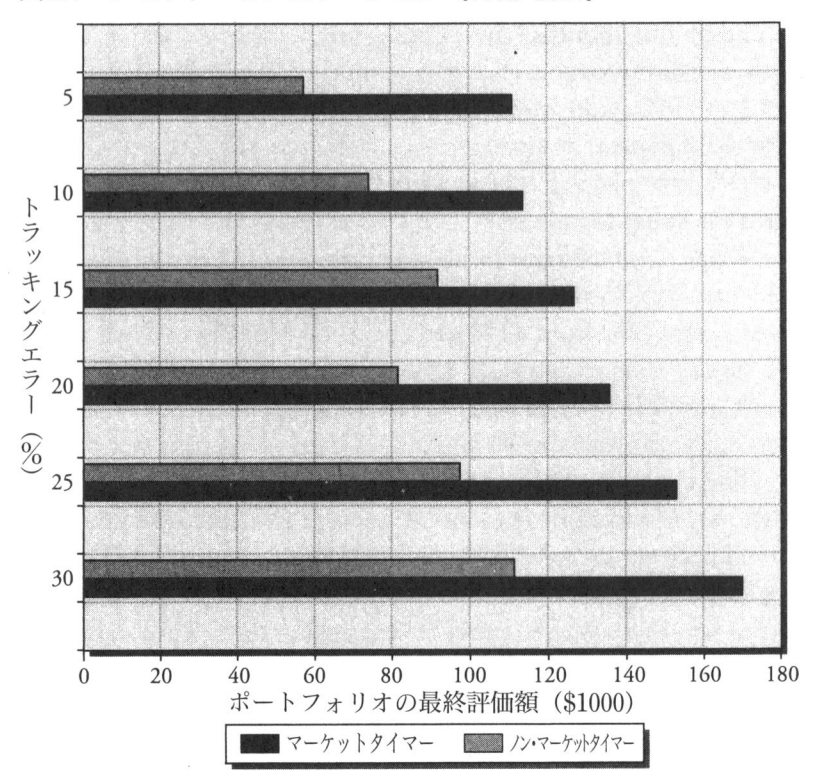

図8.1 アセット・リアロケーション（1902-2001）

縦軸：トラッキングエラー（%）
横軸：ポートフォリオの最終評価額（$1000）
凡例：■ マーケットタイマー　■ ノン・マーケットタイマー

に株を買い、割高のときは外して、債券を買い増しするのがいいだろう。

　ここでまた過去100年間の間、ポートフォリオを大切に扱ってきた2人の投資家のケースを考えてみよう。両者とも1901年に、まずS&P500に500ドル、10年国債に500ドル投資することから始めた。いずれも手堅く株と国債の配分を見直すことに決め、配分にズレが

生じたときは、必要に応じて一方のアセットクラスから他方へと若干（5％）シフトさせることにした。ただし、ひとりはマーケットタイマーで、例のタイミングを計るシグナルを利用し、売り場あるいは買い場が到来するまで待ってから行動した。

図8.1はこうしたガイドラインに沿って見直しを行いながら100年間にわたってポートフォリオを管理した結果を株50国債50という配分からの乖離幅に従って示してある。トラッキングエラー（ここでは株50国債50からの乖離の度合い）が大きいほど、最終的な評価額が高くなっていることに注目してほしい。だれでも運用成績をアップさせるためにできるかぎりのことをしたいと思うが、ここではあまりそのことに執着しないほうが良い結果が出ている。こうした強迫観念から自由になれば、マーケットタイミングを計りながら余裕をもって売り場や買い場を探すことができ、その結果、トラッキングエラーの値がどうなっていようが、100年後にはマーケットタイマーがノン・マーケットタイマーよりも平均で55％も良い成績を残すことになるのだ。

タイミングコスト

ここではマーケットタイマーが上げ相場のときに市場に参加しないことで被る不利益について考えてみることにしよう。

1963年から1993年にかけて90日あった絶好の買い場をもし逃していたら、運用成績は年率11.8％からガタ落ちして3.3％になっていただろう――新聞の日曜版には数カ月おきにこんな不吉な警告記事が掲載されてくる。言わんとしていることは明らかだ。株式市場とはうんと仲良くしたほうがいい。そうすれば、あなたのリターンも

火柱が立ったようになるだろう、というわけだ。

しかしこの手の記事には書き忘れがある。同じ期間に90日あった「買うには最悪の日」を避けていれば、リターンは年率11.8%から23.6%へと火柱のごとく上がっていただろう、ということだ。ここでもまたもろ刃の剣のような理由があって、良しあしである。ところで、絶好の買い場となった90日の大半は市場が割安のときで、買うには最悪となった90日のほとんどは市場が割高のときだったのではないだろうか。

長期間にわたって買いシグナルが1つも点灯しないケースもある。仮に1988年に遺産を相続したとしても、本書で扱った指標は1995年まで1つも買いシグナルを発していない。これは年次データではなく月次データの場合だが、この期間中の株のトータルリターンは債券よりも16%高く、この間に買いを見送っていたとしたら、チャンスを逃していたことになる。

動きの目まぐるしかった1925年から1931年にかけても買いシグナルは出ず、ずっと市場には参加できなかったはずだ。しかしこれは問題ではない。この間は国債が22%値上がりしたのに対して、株は4%上昇しただけだったからだ。

同様に、1955年に投資を始めようとしても、このやり方では1965年まで買い場は見つからなかったに違いない。この間は株価が短期的に236%という上昇を見せたが買いそびれ、評価額が32%しか増加しなかった債券を保有することになっていただろう。仮に1955年から1964年の間に買いに入ったとしても、20年リターンはパッとしないが、ハントリー&ブリンクリーのニュース番組を見ては、上がり続ける株を目の前にして静観していなければならないつらい夜が何度もあったに違いない。

もっとも、これは1929年（**訳者注**　この年に株価が大暴落し世界大恐慌へとつながった）や1999年（その後、ITバブルが崩壊）のように市場が割高のときに買わずに済んだことへの対価あるいは一種の保険料と言えるかもしれない。

　ここでもまた例によって分散投資が重要となる。たとえ必要以上に対価を支払うリスクがあったとしても、常に自分の資産を主要アセットクラス（キャッシュ、株式、債券など）に分散しておくようにしよう。例えば、1955年に投資を始めた人について言えば、株もいくらか保有しておくべきだったのだ。

　ただし、気をつけてほしいことがある。本書では年次データと月次データだけを基に調査を行ってきたということだ。株式市場の動きは急変するため、もっと注意深く市場を観察していれば、数日中に、あるいはその日のうちにも各人の好みにもっと合うような投資機会が見つかったかもしれない。

　株にとって最高の100年であろうと、債券にとって最悪の100年であろうと、結局のところ、マーケットタイミングの機会費用は法外に高くつくわけではない。各章で取り上げてきたように、ドルコスト平均法に準じたマーケットタイマーはすべての機会費用をちゃんと負担したうえで、ノン・マーケットタイマーに過去100年間で年率3.9%、過去25年間で年率3.5%も勝っているのである。

　機会費用に関する疑問を解消する答えはもうひとつある。それは昔からあるジョークと似たようなものだ。つまり、自分の基準に見合うようなデートの相手が見つからないような町に引っ越してきてしまった場合、どうするか。

　答え——基準を下げればいい。

　マーケットタイミングのシグナルに関しても同じだ。すべての月

図8.2　TBの利回り別実質トータルリターン（1950-2000）

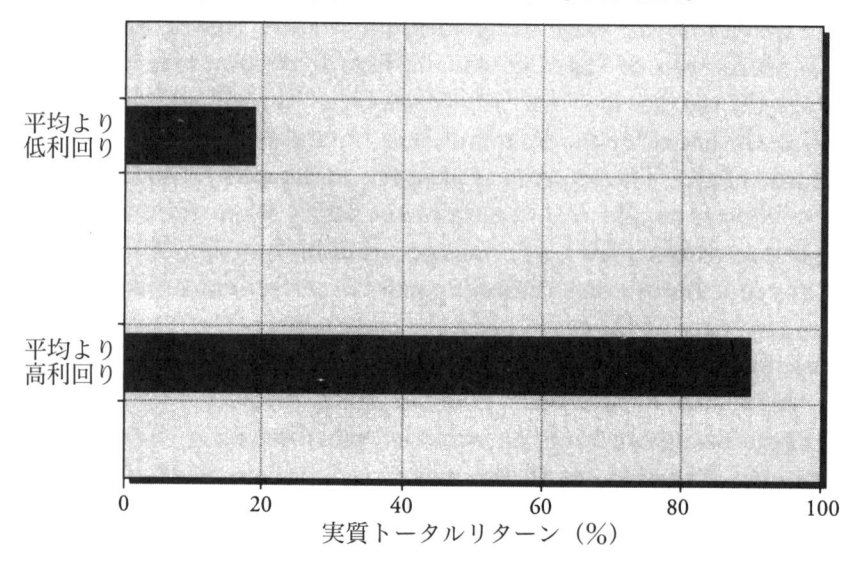

平均より
低利回り

平均より
高利回り

0　　　　20　　　　40　　　　60　　　　80　　　　100
実質トータルリターン（％）

あるいは年が一様に悪いわけではない。市場評価が「平均より上」とされている年に株を買い込んでも、長期保有すれば、「高い」と評価されている年に買うよりも、ずっと良い成績を上げられるだろう。例えば1950年代半ばに投資を始めた場合、あとちょっとで買いシグナルが出そうな1957年に買い増ししたくなるかもしれない。本書は何も、理想とする完璧なポートフォリオを目指しているわけではない。現実世界での投資環境下において割高な株を買わないようにしようとしているだけだ。

　2002年末現在、買うには最悪の3年間が過ぎ、S&P500の市場評価はやっと魅力的な圏内に入ってきた。しかし、それ以前でも主要株価指数がすべて同じように割高だったわけではない。2002年初頭、

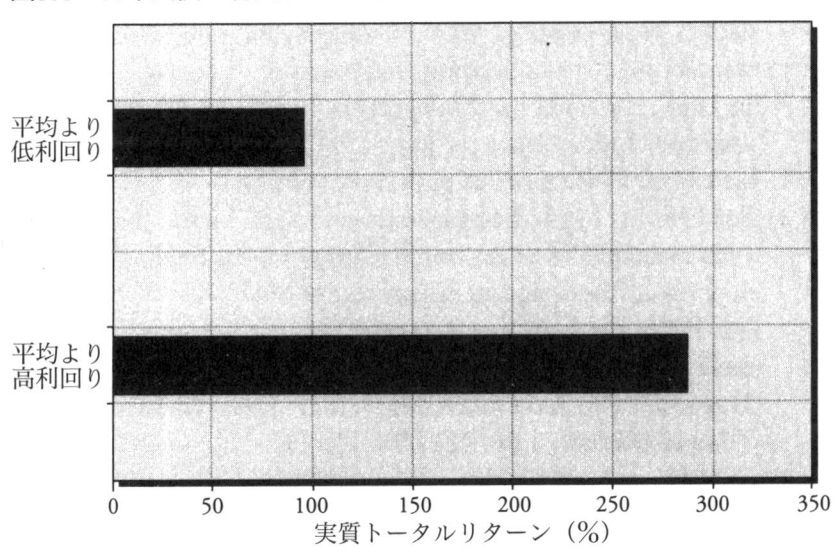

図8.3 10年国債の利回り別実質トータルリターン(1902-2001)

平均より
低利回り

平均より
高利回り

実質トータルリターン(%)

　ダウ工業株30種平均(ダウ平均)のPER(株価収益率)は25倍前後だったが(高いとはいえ、狂気じみた値ではない)、S&P500のPERは39倍で、ナスダック総合指数に至っては企業収益を合計するとマイナスになるため、計測不能だった。このころに投資を始めた人なら、S&P500に連動する「スパイダース」やナスダック100指数に連動する「キューブス」(QQQ)などのETF(株価指数連動型上場投資信託)よりも「ダイヤモンド」(アメリカン証券取引所上場のダウ平均連動型のETF)に手を出していたかもしれない。
　投資対象は大型株以外にもある。われわれが採用している一般的な原則は、現在値が長期移動平均よりも安ければ、お買い得かもしれないということだ。例えば、**図8.2**は過去50年間にわたりドルコ

スト平均法に従ってTB（割引短期国債）3カ月物に投資した結果を示し、**図8.3**は過去100年間にわたり同様に10年物の国債に投資した結果を示している。いずれも利回りがその15年移動平均よりも低い場合と高い場合に買い付けたときの実質トータルリターンを比較したものだ。これらの図から見て分かることは、利回りが高いときに買え、ということだ。

最近では外国株や小型株、グロース（成長）株、バリュー（割安）株、不動産投資信託（REIT）などの動向を追う新しい指数が登場している。こうした指数はまだ新しく、データがそろわないため、本書の主張を裏付けることはできないが、これらの市場でも安く買うことが有効な戦略であることが判明しても何ら驚くことではない。というのも、われわれの知るかぎり、この戦略は他の市場においても有効に機能しているからだ。

そこで、以上のことを念頭に置いて1988年から1994年までと1996年から2001年までの期間（つまり、長期的な評価尺度から見て、株が投資不適格となっていた期間）を再度調査し、他の投資対象なら投資に向いていたかどうかを確かめてみると、役に立つかもしれない。

- 1988年は住宅ローン金利が10.7％前後で推移していた。こんなときは前倒しで住宅ローンの一部を返済しておくとよいかもしれない。そうすれば、取引コストや口座管理料なしで住宅ローン金利と同じ利回りの債券を完全に無リスクで買うのと同じことになるからだ。
- 1989年にはTB3カ月物の利回りが長期移動平均を上回り、8.27％もあった。こんなときはTBにいくらか投資しておくのが安全だろう。

- 1990年から1994年にかけて住宅ローン金利は相変わらず債券の利回りよりも高かった。こんなときもローンを繰り上げ返済するのがベストな選択だろう。
- 1996年、全米不動産投資信託協会（NAREIT）の報告によれば、REITの価格が長期移動平均を下回ったという。そろそろREITを投資先のひとつに入れても良い時期だろう。
- 1997年になっても、住宅ローン金利は債券の利回りより高く、他の投資対象もみな割高だった。
- 1998年、ラッセル2000小型株指数が長期移動平均を下回るようになった。小型株はS&P500に採用されている大型株とは異なった値動きをするが、長期的には大型株を超えるパフォーマンスを見せることもある。分散投資の対象として小型株を組み入れるには良い時期だったかもしれない。
- 1999年のように株式市場が明らかにバブルの様相を呈しているときは、引き続きREITを購入し、ローンを繰り上げ返済するのが賢明な策と言える。
- 2000年、株式市場のバブルがはじけ、TBの利回りが長期移動平均を上回るようになった（6.17％）。TBは嵐のなかの安全な港だ。
- 2001年、小型株の評価が再び異彩を放つようになった。
- 2002年、S&P500は高値から49％も下げ、モルガン・スタンレー（MSCI）のEAFE指数（外国株のベンチマーク）も15年移動平均を初めて下回り、ラッセル2000も長期トレンドから見て安値圏に入った。

もちろん、同じデータを使っても、他の人は違った結論を引き出

していたかもしれない。しかし、ここでの狙いはS&P500が高値圏にあるときに価格志向型の投資家がどう判定を下すべきかを提示することだ。株式市場の本当の価値が明らかになるまでには何年もかかるし、すべての道を試したわけではないので、相対的にどれが賢明な道かはいまだに不明である。ひょっとしたら行き止まりの可能性さえあるが、業界関係者の言葉に乗せられて通信株やネット株に両足とも突っ込んでしまった人たちがあっという間に大金持ちになったかと思うと、すべてを失ってしまったのに比べれば、より分散された保守的なポートフォリオに無事たどり着いたのではないかと思う。

　強気相場が長期間続き、債券やTBよりも株のリターンのほうがはるかに大きいときは、バイ・アンド・ホールド戦略のメリットとともに機会費用も最大化する。過去100年間の大半はこうした状況が続いていたが、それにもかかわらず、マーケットタイミングを計ることによってさらに付加価値をつけることができたとは驚きである。マーケットが動揺し、株のリターンが債券に比べてそれほど良いとは言えないとき——つまり、今われわれが直面しているような局面こそ——マーケットタイミングの真価を発揮できるときなのだ**（訳者注　本書の原書が刊行されたのは2003年4月）。**

　21世紀が結果的に株にとって悲惨な世紀になるとしたら、どうなるのだろうか。20世紀のチャートがちょうど逆転したような形になるのだろうか。こんなときにバイ・アンド・ホールド戦略をとると、かなり惨めな結果になるかもしれないが、マーケットタイミングを計ったからといって、究極の防御策になるわけではない。というのも、急落した株価が半永久的に長期移動平均を下回り、タイタニック号が沈みかけているようなときでさえ、まだ買いシグナルを発し

続けているかもしれないからだ。

　というわけで、4つ目のアドバイスに移ることにしよう。

4．注意深く前進せよ

　投資人生においては、たまげるほど立派なことをするよりも、愚かなまねをしないことのほうがはるかに重要である。言い換えれば、立派な投資家とは、避けることが可能な愚かな間違いを犯さない人のことだ。覚えておこう。自分のお金で間抜けなことをしでかしたからといって、必ずしも間抜けとは限らない。本当に賢い人たちでさえ、多くの人が日々、自分のお金で間抜けなことをしでかしているものだ。ウォール街からは、謙虚な気持ちでいることと、自分ではコントロール不能な力の存在を認めることを学ぶだろう。これだけは断言できることだ。

　そこで、長年にわたり有効とされた基本的なアドバイスをここに記しておこう。
- 投資の決断を下すときは、けっして「大胆」になってはいけない。
- 誇大妄想を抱いてはいけない。
- 衝動的に行動してはいけない。
- 1日あるいは1回の取引で動かすお金は自己資金のごく一部に限ること（ただし、マイホームを購入する場合を除く）。
- 自分の資産をきちんと把握し管理する日を先延ばしにしてはいけない。
- モーニングスター（投資信託投資情報サービス会社）の評価で5つ星がついたファンドに投資しても大損する可能性があることを肝に銘じておくこと。

- 自分が理解していないものには投資してはいけない——ガムボールマシンに小銭（ペニー）を投入するときは、なかにガムが入っているのを確かめてからすること。
- ペニーと言えば、ペニーストック（投機的低位株）にはけっして投資してはいけない。
- 高額の販売手数料や委託手数料をわざわざ払う必要はない。
- われわれを含め、テレビや新聞で投資アドバイスをしている人たちが自分の頭で理解したうえで発言しているなどと、ゆめゆめ思ってはいけない。ただし、データなら信用できると思っていいだろう。
- 株絡みの内部情報や隣人の話などはすべて無視すること。たとえ、その人がベンツを運転していてもだ。
- 金融関係のメディアは話題に事欠いて、だれにでも発言の機会を与えようとする。だから、アナリストやファンドマネジャーや最近の若手実業家の話などに気を取られてはいけない。
- 株でもミューチュアルファンド（投資信託）でも、例の「値上がり上位銘柄」の一覧表に遭遇したら、無視して次のページに進むこと……これは絶対にだ。四半期前のデータなど無意味である。「平均値への回帰」の話を覚えているだろうか。上がったものは下がるのだ。
- ペテン師はどこにでもいる。投資資金を持っているなら、そのうちカモにされるだろう。
- あなたはもしかしてお金持ちだろうか。もし"多額の純資産"があるのなら、みんなから特別扱いされても、それは単にあなたの"札入れの摘出手術"をする前の麻酔薬のようなものにすぎない。うまく事が運べば、あなたは何カ月も何年もお金がなくなったこ

とに気づかないだろう。
- あなたのお金のありかから半径約1.5キロ以内に入ってこようとする人間がいたら、その人がいくら親切で自信にあふれ、有力なコネを持っているように見えても、単なるお金目当てなのか、利害の衝突があるのか、常に把握しておくようにしよう。
- 内国税歳入局（IRS）が違法とみなすようなことを絶対にたくらんではいけない。午前4時に突然Gメンから家宅捜査され、刑務所にブチ込まれたうえに財産をすべて没収されるかもしれない。そんなリスクを冒すくらいなら、税金を余分に支払ったほうがマシだ。
- 金融関係のお節介な忠告やブローカーからの売り込み電話など相手にしてはいけない。
- できれば、401kプラン（確定拠出型企業年金）の大半を自社株や同業他社の株につぎ込まないようにしよう。会社が経営難に陥れば、職を失うと同時にポートフォリオまで目減りしてしまうからだ（もし企業城下町に住んでいるのなら、同様にマイホームの価値まで下落するかもしれない）。
- 商店街にあるその店が客で込み合っているからとか、コーヒーやブルージーンズやゼリービーンズが好きだからという理由で、その店に投資してはいけない。売り上げと利益は別物である。
- 年金保険を勧められたら、何年間かかけて慎重に検討すること。相手がどれほど契約を取りたがっているか、気をつけることだ。その人には多額の手数料が転がり込むかもしれないが、それがあなたにとって本当に適切な投資対象である可能性は低いのだから。
- 全財産かそのほとんどをつぎ込めば、5年以内に億万長者になれるといった壮大な計画があるなら、まずわれわれに電話してほし

い。そのたった10分の1のお金で、そうした計画をあきらめさせてあげられるだろう。その1本の電話は今まででいちばんかけて良かったと思える電話になるかもしれない。

● 簡単に換金できない投資対象に自分のお金をゆだねる前に、公園をゆっくり散歩してみよう。そのお金は本当に5年間必要としないお金だろうか。来週、必要となったらどうするのか。

● 目論見書に「シナジー効果」という言葉が記載されていないだろうか。「ブラックボックス」「垂直統合」「パラダイム」「カオス理論」はどうだろう。もしあるなら、見送ることだ。

● 自分の運転免許証を見てほしい。あなたの名字はスピルバーグだろうか。もしそうでないなら、映画会社に投資してはいけない。ハリウッドでは、映画をこよなく愛し、いつの日か映画界に足を踏み入れたいと密かに思っている人たちのための呼び名がある。それは「一般人」だ。ハリウッドの会計上、あなたが儲かることはまずないだろう。

● 投資をする前に奥さんにその根拠をきちん理詰めで説明してみよう。あなたの奥さんは、コメディー番組『ハネムーナーズ』のなかで一攫千金の計画を話すラルフを見つめるアリス・クラムデンのような目であなたを見ていないだろうか。その表情が何かを語りかけているのかもしれない。

● 最後に、本書を本来の狙いとは別の形で利用しないでほしい。伝統的な価値評価尺度とマーケットタイミングの指標を支持しているからといって、謄写版印刷機でマーケットタイミングに関するニューズレターをつくって売り歩いている変人たち全員を支持しているわけではない。また、マーケットタイミングの指標によって市場が割高と評価されているときに空売りすれば必ず儲かるな

どと考えてはいけない。タイミングのシグナルが変わるたびに株式100％から債券100％あるいはキャッシュ100％に入れ替えようとしてはいけない。株式市場がそんなに予測可能なものだとしたら、それはわれわれの勝手知った愛着ある株式市場とは別物だということだ。

売買するたびに株式の価値を意識していれば、どれほどトータルリターンを大きくすることができるか、本書を読んでご理解いただければ幸いである。本書で扱った評価尺度を基準にマーケットが今どの位置にあるのか、関心を持つようになっていただけたのではないかと思う。さて、今現在、買い場だろうか。前述のとおり、必要なデータの多くはバロンズ誌に掲載されているし、トム・ドンランやアラン・アベルソンの記事はいつでも一読に値するものだ。ウォール・ストリート・ジャーナル紙やインベスターズ・ビジネス・デイリー（IBD）紙、ニューヨーク・タイムズ紙日曜版のビジネス欄、お住まいの地域のローカル紙のほか、Google（検索エンジン）でネット検索すれば、いろいろなサイトからも数多くのデータを入手できるだろう。

われわれのホームページ（http://www.yesyoucantimethemarket.com/）に直接飛んでもらってもかまわない。今すぐにでも情報が手に入る。それもタダで。

第9章
今後の注意
Looking Forward : A Note of Caution

　「マーケットタイミングは役に立たない」——ブローカーや大物投資家らが口をそろえてこう言うのにはそれなりの訳がある。これはマーケットタイミングが機能する可能性があるだけでなく、実際に機能し、少なくとも今も昔も機能している理由と密接なつながりがある。株とは何か、どのような投資スタンスをとっているか、そしていつ買いに入るか、いつ見送るかといった決断とも関係がある。

　まず、マーケットタイミングが役に立たないように見えるケースが多いのはなぜか、ということから始めてみよう。過去100年間のほとんどの期間、株は慢性的に過小評価され続けてきた。それは知覚リスク、景気循環、大衆心理に絡むもろもろの理由によって、長期間にわたり株の真価に関心を寄せる投資家があまりいなかったからだ（なお、例によって、われわれが「株」というときは、個別銘柄ではなく、まとまったグループとしての株を指しているものと思ってほしい）。通常、株価が安いときはいくつか理由がある。株とは今も昔も乱高下するものだが、特に下ブレしたときは恐ろしい。投資家は一度やけどをすると、その倍も怖気づくことになる。株の場合、企業が資金繰りの悪化によって倒産したり、統合再編に追い

込まれたりすると、"食物連鎖"の最下位に位置することになる。つまり、債権者に債務を返済した後の残余財産の分配請求ができるのはいちばん最後のことなのだ。値動きが不安定なうえ、財産の請求順位が低いことが株価の押し下げ要因となってきたのである。

過去100年間の大半において、株の配当利回りは債券の直接利回りよりも高かったが、株の配当は気まぐれなので、率が変更されることもあれば、無配になることもある。これもまた株を実態以上に魅力がないように見せる要因となっていた。

このため、こうした重荷が株価の圧迫要因となり、「株式リスクプレミアム」として知られるようになったのである。これは株式の乱高下する運命と気まぐれな配当、財産請求権の後順位に対して発行者側がプレミアムを支払うか、買い手側がディスカウントを受け入れなければならないということだ。

20世紀中はだいたいにおいて株のリスクプレミアムは異常に高く、売られ過ぎていたため、買えば高いリターンが得られた。特に世界大恐慌後、何十年もの間、また暴落するかもしれないという恐怖感が株価に映し出されていた。市場は1929〜1933年および1937年の再来を恐れていたのである。しかし、こうした悲観ムードがまだ残っているうちに株を買っていれば、儲かっていた可能性が高い。どんな資産であれ、安いときに買っておけば、高いときに買うよりも大きなリターンが見込めるのと同じである（本書が言わんとしていることはこういうことなのだ）。

もっと基本的なレベル、つまりエコノミストの言う「マクロレベル」で言えば、株は企業収益を反映するもの。投資家にとっては企業収益の分け前をもらう一手段でもある。1929年から1933年にかけては企業収益が極端に落ち込んだため（図9.1参照）、投資家たちは

図9.1　企業収益（1929-1933）

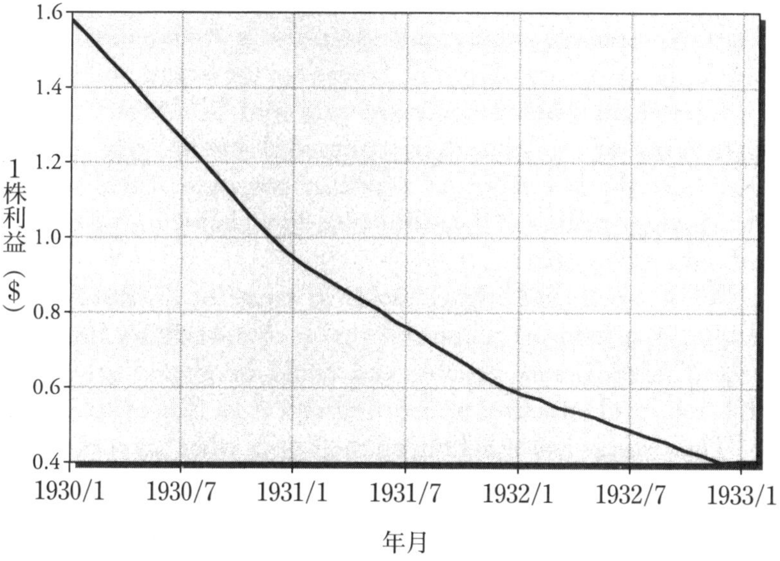

その後、何十年もの間、また同じようなことが起こるのではないかとおびえていた。こうした大恐慌が再び起こるのではないかという恐怖心がまた株価を押し下げ、相場が低迷する一因となったのである。

したがって1933年以降の一定期間に買った人は、今振り返ってみると、底値近辺で買っていたことになる。そして、それから何十年かたち、一般の投資家たちが大恐慌の再来や企業収益が極端に落ち込むようなことはもうないと思うようになり……リスクプレミアムをとって（見方によってはディスカウントを受け入れて）株式投資に参加するようになるころ、すでに底値で拾っていた人は莫大な利益を手に入れていたのである。

図9.2　企業収益（1933-2000）

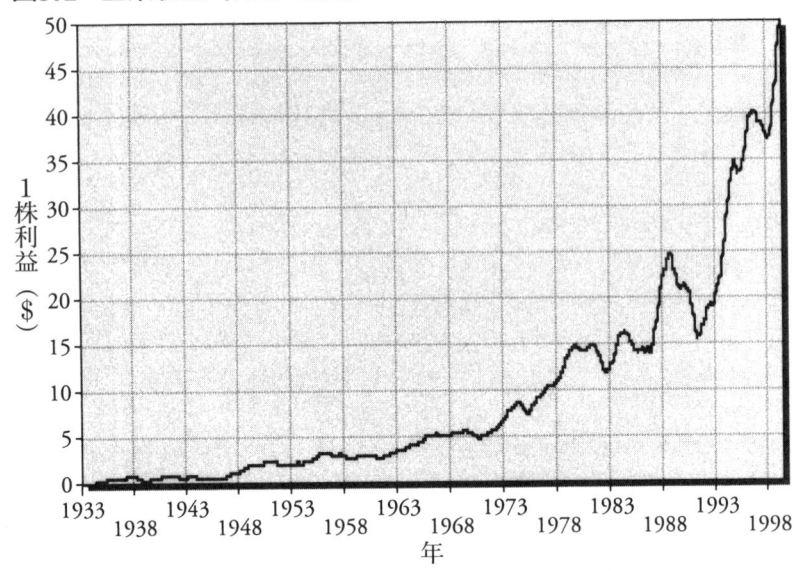

　1929年から1933年にかけての大暴落後から2000年初頭までの企業収益と株価の推移を見てみると（**図9.2～図9.4**参照）、一時的とはいえ、何度か急激に落ち込みながらも、上向きに転じ、見事に上昇傾向をたどっていることが分かる。

　ただし、65年ほど続いた大相場に乗っかるよりもマーケットタイミングを計ったほうがいいとは言えないこともしばしばあった。それはある意味、カジノのルーレットで赤に賭けたり黒に賭けたり半々ずつやっている人のケースに似ている。とはいえ、ルーレットの玉がどういうわけか、いつも赤のところでしか止まらないなら、よっぽど運が悪いのである。同様に世界大恐慌と同時期の株価大暴落の後遺症のせいで、株は長期にわたって事実上、安値圏にあった

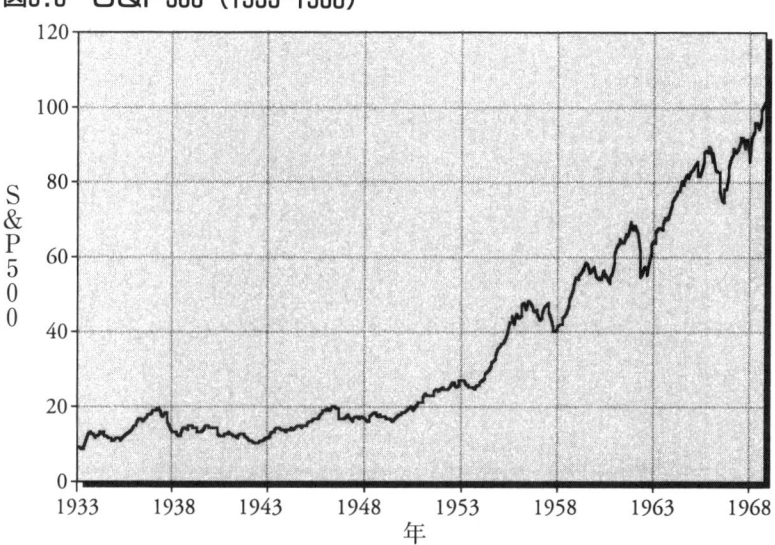

図9.3 S&P500（1933-1968）

ため、この時期はほとんど絶好の買い場となっていたのである。しかし、永遠に強気相場が続くように見えるときならともかく、そうでないときに賭けるのはまったく愚かなことのように思えたものだ。

たしかに1937年の景気後退期や1960年代末から1970年代初頭のテクノロジーブーム、そして、とりわけ最悪とも言われた1970年代半ばの景気後退局面でのインフレ（あるいはインフレ不況）のように流れが一時的に中断した時期もあったが、こうした時期には株のリスクプレミアムが上昇したり低下したり目まぐるしく変わり、益回りも極端に利回りの高い債券の前では低く見えた。1970年代半ばから後半にかけてのインフレもまた、企業収益を現在価値に割り戻すときの利率（割引率）の上昇をもたらし、将来的な予想収益の現在

図9.4　S&P500（1982-2000）

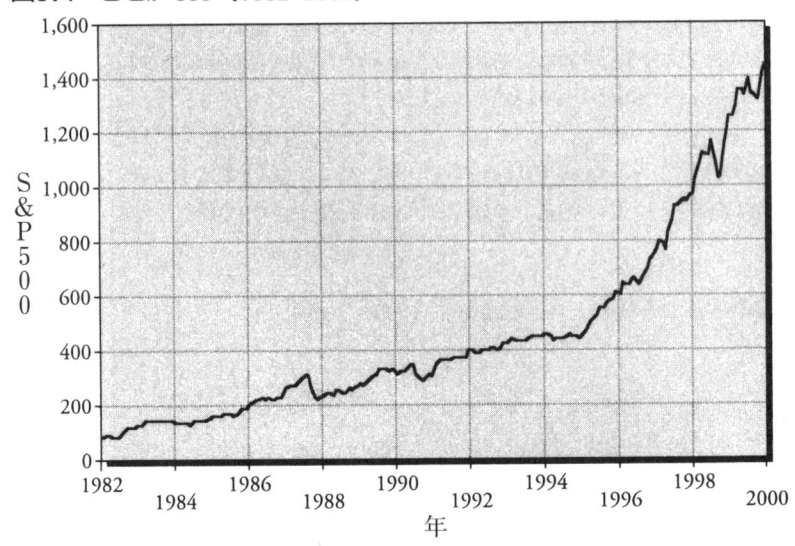

価値を大幅に下落させることになった。これはちょうど1990年代の金利低下局面において予想収益の現在価値を大幅に上昇させたのと同じ原理だ（インフレによって株価が下落するのは、価格の目減り分に対して十分な備えを絶えずしておくことが難しいなど、他にもさまざまな理由があるが、高利回りの債券と張り合うのが困難であることと予想収益を現在価値に割り引くときのコストが主因である）。

とはいえ、超長期で見ても、やはりマーケットの流れに逆らってお金を賭けるのはまさに愚の骨頂のように思われたし、マーケットのパフォーマンスが他の年よりも悪くなりそうな年を予測するのはほとんど不可能に近いように思われた。

表9.1　市場評価（1926-1930）

年	相場	PER	配当利回り	トービンのq	20年リターン(%)
1926	平均より上	平均より下	高い	平均より上	147
1927	高い	高い	高い	高い	72
1928	高い	高い	高い	高い	19
1929	高い	平均より上	高い	高い	58
1930	高い	高い	平均より上	平均より上	143

　こうしたアプローチが誤った推論を導き出してしまうのは、対象期間の選び方に一部関係がある。

　つまり、いつでもいちばんの問題となるのは、比較検討する期間の起点と終点をいつにするかを決めることだったのである。例えば1933年を起点として1968年を終点とした場合（**図9.3**参照）、お間抜けな人以外はみな、ただ単にバイ・アンド・ホールド戦略を取ったに違いないと思える。

　1982年から2000年2月までを対象とした場合も（**図9.4**参照）、マーケットタイミングを狙ったり、バイ・アンド・ホールド以外の戦略を取ったりするのは間抜けのすることのように見えただろう。

　しかし方針を変更して起点と終点を変えてみると、まったく違った結果が生まれる。株価は企業収益を映す鏡のようなもので、株価には将来の収益とともに、金利に反映されるインフレ期待が常に織り込まれている。1929年から1933年にかけては世界的に深刻となった金融政策の失敗によって企業収益が落ち込み、株価もそれに伴って暴落した。

　この時期、ファンダメンタルズから見ると、株価はかなり割高と

表9.2 市場評価（1960-1968）

年	相場	PER	配当利回り	トービンのq	20年リターン(%)
1960	高い	高い	高い	高い	71
1961	高い	高い	高い	高い	18
1962	高い	高い	高い	高い	54
1963	高い	高い	高い	高い	50
1964	高い	高い	高い	高い	33
1965	高い	平均より上	高い	高い	53
1966	高い	平均より下	平均より上	平均より上	107
1967	高い	平均より上	高い	高い	73
1968	高い	平均より上	平均より上	高い	83

なっており、これを正当化するほど企業収益が上がるとはとても思えないと言って、ここで売り抜けた人がいれば、きっと優秀な投資家と思われたに違いない（**表9.1**参照）。マーケットタイミングを計り、値下がりに転じることに賭け……下がったところで買いに入る。これ以外のことをしていれば、かえってバカを見ていたことだろう。当時はマーケットタイミングを狙うよりも、バイ・アンド・ホールド戦略のほうが愚かに見えたものだ。

　同様に1960年代には、せめてマーケットタイミングを狙うぐらいのことをしなければ、非常識と思われたかもしれない（**表9.2**参照）。

　では、1974年に重大な病気にかかり、持ち株をすべて売って換金しなければならなくなったとしたら、どうだろう。マーケットタイミングを計って、1970年代のインフレによる大暴落の前に現金化しておけば、どれほど良かったかと悔やむのではないだろうか。このとき、企業収益はインフレのせいで金利上昇に伴い大幅減となって

いたはずだ。つまり、一定期間保有するにしても、タイミングを見ながら売却することによって好成績が得られる一方で、バイ・アンド・ホールド戦略によってお粗末な結果に終わることもあるのだ。

　実際、これは超長期で見た場合にも当てはまることだ。株式市場は1929年の夏に到達したレベルに戻るのにほぼ25年を費やし、1966年のザラバ高値を超えるのにほぼ15年かかった。ダウ・ジョーンズによる株式市場の指標をインフレ調整後で見てみると、1926年のレベルに戻るまでに65年近くかかっている（ただし、この間の配当利回りは概してかなり高めだったため、インフレ調整前よりもリターンははるかに高かったのではないかと思う）。しかもこれはナスダック（米店頭株式市場）の話ではなく、ダウ工業株30種平均（ダウ平均）の話である。

　とはいえ、マーケットタイミングを計って1933年に買いに入り、以後40年ほど投資を続けたとすると、1969年以降なら保有期間の長さにかかわらず、たいていは大儲けができたはずなので、マーケットタイミングをわざわざ計る意味があまりなかったように思われるかもしれない。

　それに永久に保有するのであれば、つまり不死身であれば、マーケットタイミングのことなどまったく眼中にないだろうし（言うまでもなく本当に不死身なら、普通の人間が抱く不安や恐怖心とも無縁なわけだ）。100年間かそこらの期間では株のパフォーマンスはかなり良いように見える。大学基金のように半永久的に株を保有するような団体がなぜマーケットタイミングにあまり熱心でないのか、これである程度、説明がつくかもしれない。

　しかし、永久に保有するわけにいかないのが普通だ。「市場が大暴落しても、そのうちなんとかなるさ」などとのんきなことを言っ

てはいられない。たしかに時間が解決してくれることもあるが、だれかの特殊な問題を一定のスケジュールで解決するのに必要な「進歩」という名の変化は必ずしも訪れるとは限らないのである。マーティン・ルーサー・キング牧師が1963年にバーミンガム刑務所のなかで書きつづっているとおり、進歩は必然という名の車に乗ってやってくるわけではない。

　だからこそ厄介なのだ。今すぐ株を買って、お金が必要になるまで保有するとして、その期間が20年か30年未満であれば、マーケットタイミングに単に興味があるだけでは済まない。必修科目と言ってもいいかもしれない。アメリカ株がどんどん上がり続け、平均リターンが10％だとしても、その投資人生のなかで今後これほどのリターンを実現できるという保証はどこにもない。1929年にダウ平均を買い付けて配当を再投資したとしても、10％の平均リターンを得るには69年も待たなければならなかったのである。長期にわたる過去の平均リターンを見て安心し、株式市場にお金をポンと出して、あとはただハンモックで寝ているというわけにはいかない。実際そんなに長生きできないかもしれないし。

　投資アドバイザーのスティーブン・エバンソンがズバリとこう指摘している。1929年にS&P500を買って20年間保有したときの実質トータルリターンは84％だが、1931年まで待ってから投資していれば、実質トータルリターンは818％になっていたはずだ、と。これは退職者にとって、ホットドッグとヒレステーキほどの違いである。

　また別の観点から見てみよう。筆者最大の関心事は1990年代後半から2000年初頭にかけての異常な株式ブームによって市場が前例のないほどゆがめられてしまい、マーケットタイミングを読むのが緊急課題となったことだ。世界大恐慌後、超長期にわたって売られ過

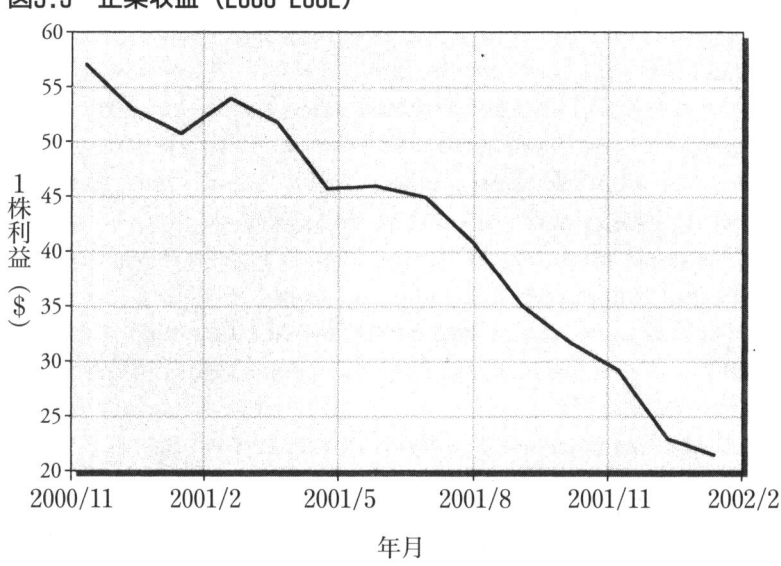

図9.5 企業収益（2000-2002）

ぎの状態が続いていたのと同じように、全体的に買われ過ぎの状態が今後も続く可能性には現実味がある。これはいわゆる「伝統産業」をはじめとする特定の業種には当てはまらないかもしれないが、S&P500やナスダック全体については当てはまるのではないかと思う（20年後もナスダックが独立した市場として存在していたら、すごくうれしいが）。

　問題は今も昔もここにある。1998年、1999年、2000年と、株は前代未聞の（それこそ文字どおり見たことも聞いたこともないような）レベルにまで達したため、金融史上、前例のない基準を打ち立てることになった。こうした異常高値を正当化するレベルにまで企業収益が増大するはずだとすると、それこそ空前のレベルにまで業

表9.3 市場評価（1996-2000）

年	相場	PER	配当利回り	トービンのq
1996	高い	高い	高い	高い
1997	高い	高い	高い	高い
1998	高い	高い	高い	高い
1999	高い	高い	高い	高い
2000	高い	高い	高い	高い

績が伸びないといけないことになる。しかし、ご存じのとおり、今や企業収益はまったく上がらないどころか、下がっている（**図9.5**参照）。ダウやS&Pの指標あるいは国民所得と同様、企業収益も大幅な落ち込みを見せたのである。

つまり、1990年代の終わりごろにタイミングを計って売却しておくのが賢明だったということだ（**表9.3**参照）。

S&P500のPER（株価収益率）が約50倍、ダウ平均が約40倍なのを見て、「これはいくらなんでも高すぎる」と思って売っていたら、町でいちばんの幸せ者になっていただろう（空売りしていれば、もっと幸せだったかもしれない）。マーケットと企業収益と純資産価値をチェックして、これらが歴史的にどのレベルにあるのか、特に好景気のときと比べてどうなのかを自問していれば、きっと売ってひと儲けしていたのではないだろうか（ここでウォーレン・バフェットの言葉を思い出してほしい。金儲けの第一のルールは損をしないこと。第二のルールは、第一のルールを常に心に留めておくことだ）。

本書に書いたとおり、もし1999年にマーケットタイミングについて考え、PERやPBR（株価純資産倍率）、PDR（株価配当倍率＝

配当利回りの逆数)、あるいは単純に株価やその他の指標が15年移動平均を大幅に上回っていることに気づいていれば、あなたはきっと売っていただろう。少なくとも資金を分散させ、火に油を注ぐようなこと(つまり、買い増しなど)はしなかったに違いない。

しかしここで言いたいのはそれよりも厄介なことだ。さまざまな尺度から見ても、株価はいまだにかなり高いのである。「株式リスクプレミアム」は大幅に低下したが、2000年から2002年にかけて暴落した後でさえ、過度の楽観主義、いわゆる「根拠なき熱狂」と血気盛んというか、よくある無知のせいで、企業収益が激減したにもかかわらず株価のほうはそれに匹敵するだけの下げを見せず、いまだにリスクプレミアムが結構あることを如実に示している。

2000年初頭、バブル真っ盛りのころ、S&P500のPERは40倍近くあった。これは今見てもギョッとするような値だ。本書執筆中の現在もS&P500のPERはいまだに30倍以上もあり、リスクが高いことは一目瞭然である。これは投資家たちがいかに株のリスクをきちんと認識していないかということだ。たしかにダウ平均のPERは約30倍だったのが20倍ぐらいにまで下がり、理にかなったレベルとも言えないこともないが、それでも歴史的に見れば、20倍を超しているのはまだまだ高めである。

われわれの調査によれば、株の評価レベルが平均値プラス2ないし3標準偏差あたりにあるときに買いに入った場合は歴史的に見て、まず儲かったためしがない。実際、ダウ平均のPERが25倍を超えているときに買って2003年まで保有したとしても、たまたま急騰したときにうまく売り抜けられなければ儲からない。PERがピークを付けた後の期間収益についてイェール大学のロバート・シラーが調査を行っているが、ピーク時に買って20年間保有した場合、イン

フレ調整後の平均リターンは年率マイナス2％からプラス1.9％にしかならないだろうとのこと。これが退職後の年金プランのリターンだとしたら、もう開いた口がふさがらなくなるだろう。

　PERがもっと平均的なレベルのときに買ってみれば、その教訓は明らかだ。儲かる可能性は初期投資時点でのPER・PBR・PDRの高さや15年移動平均に対する株価の相対的なレベルなど、本書で取り上げたさまざまな測定基準の逆関数となる。つまり、歴史的に見て安いときに買えば、高いときに買う場合よりも、はるかに儲かる可能性は高くなるのである。

　そして今現在、株は歴史的に見てまだ割高である。歴史はまさに変わろうとしているのかもしれないし、そうでないかもしれないが、仮に歴史が変わっていないとすれば、一攫千金を夢見て上値を追って買った人たちにとっては大問題である。

　過去の投資データすべてに目を通した結果、将来的にはマーケットタイミング戦略が機能しない可能性があるにしても、過去においてバイ・アンド・ホールド戦略がいちばんだと思われるような強気相場が続いていたときでさえ機能していたのはたしかと言えるだろう。「過去は未来への序章」――これはワシントンDCの国立公文書館前に掲げられた言葉である。21世紀となった今、株においても人生のあらゆることにおいても、この言葉を心に留めておくといいだろう。

付録

データソース

インターネットがこれほど普及している今、株関連の信頼できるデータは天気予報のように簡単に入手できるとお思いかもしれない。しかし、われわれの経験から言わせてもらえば、そうではない。セールス用の宣伝資料は黙っていても手に入るが、本書の執筆に必要な生の数値や一連のデータを探すにはかなり骨が折れた。

以下に、役に立つデータソースを紹介しておこう。

- http://www.globalfindata.com/
  S&P500や他のアセットクラスについての一連のデータが入手できる。自分で計算するのが面倒な場合、ここでなら株や債券の過去のトータルリターンも入手可能だ。

- http://www.economy.com/
  S&P500、PER（株価収益率）、配当利回り、金利、インフレ率、債券利回りなどのさまざまなヒストリカルデータが入手できる。

- http://www.econ.bbk.ac.uk/faculty/wright/
  スティーブン・ライト教授によるトービンのqに関する一連のデータが入手でき、彼の優れた著書や論文にもリンクしている。

- http://www.aida.econ.yale.edu/~shiller/data.htm/
  ロバート・シラー教授のホームページで、彼が集めたPER（株価収益率）のヒストリカルデータなどの入手も可能（**訳者注** http://www.aida.econ.yale.edu/のイェール大学のホームページから入って、Faculty and Staff → Faculty → Shiller,

Robert J. → Personal Home Page → ONLINE DATAをクリック)。

●http://www.barra.com/research/fundamentals.asp/
PSR(株価売上高倍率)、PCFR(株価キャッシュフロー倍率)、PBR(株価純資産倍率)をはじめ、さまざまな指標のヒストリカルデータが入手できる(**訳者注** http://www.barra.com/から入って、Reseach & Indexes → Research Data Base → S&P/Barra Indexes → Fundamentalsをクリック)。

データ分析

　一定期間のデータから推論しようとすると、どうしてもデータマイニングならではの影響が出る。本書においてわれわれが示したパターンは、ごく一部のサンプルを基にしたものなので、実際には他のケースでは当てはまらないかもしれない。100年分の株式市場のデータだけではおのずと限界があるのは当然である。アメリカにとってこの200年間は華々しい200年だったが、文明というものは浮き沈みするものだ。今後は海外市場や他の時代のデータ(時代をさかのぼるほど、データの質は低下するが)、S&P500以外の指数も使って、今回の発見を検証することに焦点を当てていかないといけない。

　研究者が数多くの仮説を立てて検証し、欠けているものを探し出し、予測可能なファクターだけをわずかに残して、あとは捨てるといった方法を取っているときは、データマイニングは特に重要性を帯びてくる。しかし本書ではそのようなやり方はしていない。われわれが検討したのは公開されている既存のファクターだけだ。

ここで重要なことは、われわれが使ったデータはけっして最適化されてはいないということだ。結果にもまったく手を加えていない。例えば、長期移動平均と現在値を比較するときも、マーケットタイミングの各指標がいちばんうまく機能するような接点が見つかるまで対象期間を調整することもできたし、買いシグナルがもっとはっきりと分かるように、各評価基準についての期間中のスコアを調整することもできた。各指標が最大限の効果を発揮できるように対象期間の起点と終点を入念に選ぶことも可能だった。こうした操作を行えば、株価の水準に気をつけてマーケットタイミングを狙うことの有効性を説く本書の主張をもっと説得力があるかのように見せかけることもできた。しかし、実際には各指標と比較するための期間をいずれも長期に固定して15年移動平均を使用し、マーケットタイミングのシグナルとするポイントも平均値とクロスする点と決め、調査の対象期間も過去100年間と25年間とし、保有期間も5年、10年、15年、20年というように統一した。このように何の加工もしていない結果を提示することで、将来的に本書に従って実践しようとされる投資家の皆さんのお役に立てれば幸いである。

参考文献

①ウィリアム・バーンスタイン著『投資「４つの黄金則」』(ソフトバンクパブリッシング刊)

②ジョン・ボーグル著『インデックス・ファンドの時代／アメリカにおける資産運用の新潮流』(東洋経済新報社刊)

③エルロイ・ディムソン＋ポール・マーシュ＋マイク・ストーントン著『証券市場の真実／101年間の目撃録』(東洋経済新報社刊)

④チャールズ・エリス著『敗者のゲーム』(日本経済新聞社刊)

⑤ベンジャミン・グレアム著『賢明なる投資家』(パンローリング刊)

⑥バートン・マルキール著『ウォール街のランダム・ウォーカー』(日本経済新聞社刊)

⑦ジェームズ・オショーネシー著『ウォール街で勝つ法則』(パンローリング刊)

⑧ロバート・シラー著『投機バブル根拠なき熱狂』(ダイヤモンド社刊)

⑨ジェレミー・シーゲル著『シーゲル博士の株式長期投資のすすめ』(日本短波放送刊)

⑩ラリー・スウェドロー著『ウォール街があなたに知られたくないこと』(ソフトバンクパブリッシング刊)

⑪デイビッド・スエンセン著『勝者のポートフォリオ運用』(金融財政事情研究会刊)

Arnott, Robert, and Cliff Asness. "Does Dividend Policy Foretell Earnings Growth?" *Financial Analysts Journal* (2003).

Basu, Sanjoy. "Investment Performance of Common Stocks." *Journal of Finance* (June 1977).

①Bernstein, William. *The Four Pillars of Investing.* New York: McGraw-Hill, 2001.

Bernstein, William. *The Intelligent Asset Allocator.* New York: McGraw-Hill, 2002.

②Bogle, John. *Common Sense on Mutual Funds.* New York: John Wiley & Sons, 2000.

DeBondt, Werner, and Richard Thaler. "Does the Stock Market Overreact?" *Journal of Finance* (July, 1985).

③Dimson, Elroy, Paul Marsh, and Mike Staunton. *Triumph of the Optimists.* Princeton, NJ: Princeton University Press, 2002.

④Ellis, Charles, and John Brennan. *Winning the Loser's Game* 4th ed. New York: McGraw-Hill, 2002.

⑤Graham, Benjamin. *The Intelligent Investor.* New York: Harper & Row, 1973.

Ibbotson, Roger. "Portfolios of the New York Stock Exchange," Working Paper. New Haven, CT: Yale School of Management, 1986.

Keppler, Michael. "Importance of Dividend Yield in Country Selection." *Journal of Portfolio Management,* Winter (1991).

Lakonishok, Josef, Robert Vishny, and Andrei Shleifer. "Contrarian Investment: Extrapolation and Risk," Working Paper no. 4360. National Bureau of Economic Research, May, 1993.

Levis, Mario. "Stock Market Anomalies." *Journal of Banking and Finance* (December, 1989).

⑥Malkiel, Burton. *A Random Walk Down Wall Street* 7th ed. New York: W.W. Norton, 2000.

Oppenheimer, Henry. "Ben Graham's Net Current Asset Values." *Financial Analysts Journal* (November/December, 1986).

⑦ O'Shaughnessy, James. *What Works on Wall Street.* New York: McGraw-Hill, 1997.

Poterba, James, and Larry Summers. "Mean Reversion in Stock Prices, Evidence and Implications." *Journal of Financial Economics* (March, 1988).

Power, D. M., A. A. Lonie, and R. Lonie. "The Over-Reaction Effect—Some U.K. Evidence." *British Accounting Review* 27 (1991).

Sharpe, William F. "Likely Gains from Market Timing." *Financial Analysts Journal* (March/April, 1975).

⑧ Shiller, Robert. *Irrational Exuberance.* Princeton, NJ: Princeton University Press, 2000.

⑨ Siegel, Jeremy. *Stocks for the Long Run* 2nd ed. New York: McGraw-Hill, 1998.

⑩ Swedroe, Larry. *What Wall Street Doesn't Want You to Know.* New York: St. Martin's Press, 2000.

⑪ Swensen, David. *Pioneering Portfolio Management.* New York: Free Press, 2000.

Tweedy, Brown & Company. "What Has Worked in Investing." Author, 1992.

Wright, Stephen, and Andrew Smithers. *Valuing Wall Street.* New York: McGraw-Hill, 2000.

Yes, You Can Time the Market! by Ben Stein, Phil DeMuth
All Rights Reserved. Authorized translation from the English language edition published
by John Wiley & Sons, Inc.
Copyright © 2003 by Ben Stein, Phil DeMuth. All rights reserved.
This translation published by arrangement with John Wiley & Sons International Rights, Inc. through
The English Agency (Japan) Ltd.

■著者紹介
ベン・スタイン（Ben Stein）
コメディー・セントラルのエミー賞受賞クイズ番組『ウィン・ベン・スタインズ・マネー』のホスト役を務める彼は新世紀から見れば、ルネサンス的な教養人でもある。エコノミスト、投資家、弁護士、ユーモア作家、俳優と多岐にわたる興味を追いながら仕事のバランスを上手にとって成功している。金融関連の著作以外にも、ウォール・ストリート・ジャーナル紙、バロンズ誌、フォーブス誌、アメリカン・スペクテーター誌、ロサンゼルス誌、ニューヨーク誌、ワシントン・ポスト紙向けに論文やコラムを執筆している。

フィル・デムース（Phil DeMuth）
心理学博士で投資アドバイザーでもある彼は株式市場に長らく興味を持ち、ヒューマン・ビヘイビア、サイコロジー・トゥデーなどの心理学の専門誌だけでなく、ウォール・ストリート・ジャーナル紙やバロンズ誌にも寄稿しているが、ストリート・ドット・コム（http://www.thestreet.com/）やフォーチュン誌にも意見が掲載されたことがある。

■訳者紹介
木村規子（きむら・のりこ）
慶應義塾大学文学部卒。山種証券（現SMBCフレンド証券）本店国際金融部外国債券課、三菱重工業長崎造船所資材部造船購買課勤務を経て翻訳に従事。証券会社時代には主に郵貯・簡保などの機関投資家を担当。全米証券業協会登録有価証券外務員試験（RRシリーズ７）合格。主な訳書に『アルウィンのスケッチ入門』（MPC）、『目覚めよ日本／リー・クアンユー21の提言』（たちばな出版）、『賢人たちの投資モデル』『スマートマネー流株式選択術』『最高経営責任者バフェット』、編集協力に『マンガ　ウォーレン・バフェット』（以上、パンローリング）。

2004年4月21日　初版第1刷発行

ウィザードブックシリーズ⑲

あたなもマーケットタイミングは読める！
リスク回避型の保守的長期投資家のためのバイブル

著　者	ベン・スタイン、フィル・デムース
訳　者	木村規子
発行者	後藤康徳
発行所	パンローリング株式会社
	〒160-0023　東京都新宿区西新宿7-21-3-1001
	TEL　03-5386-7391　FAX　03-5386-7393
	http://www.panrolling.com/
	E-mail　info@panrolling.com
編　集	エフ・ジー・アイ（Factory of Gnomic Three Monkeys Investment）合資会社
装　丁	新田"Linda"和子
印刷・製本	大日本印刷株式会社

ISBN4-7759-7031-3

落丁・乱丁本はお取り替えします。
また、本書の全部、または一部を複写・複製・転訳載、および磁気・光記録媒体に
入力することなどは、著作権法上の例外を除き禁じられています。

Ⓒ Noriko Kimura　2004 Printed in Japan

トレーディング・投資業界に一大旋風を巻き起こしたウィザードブックシリーズ!!

ウィザードブックシリーズ①
魔術師リンダ・ラリーの短期売買入門
ウィザードが語る必勝テクニック　基礎から応用まで

リンダ・ブラッドフォード・ラシュキ＆ローレンス・コナーズ著
定価29,400円

ウィザードブックシリーズ②
ラリー・ウィリアムズの短期売買法
投資で生き残るための普遍の真理

ラリー・ウィリアムズ著
定価10,290円

ウィザードブックシリーズ③
タートルズの秘密
最後に勝つ長期トレンド・フォロー型売買

ラッセル・サンズ著
定価20,790円

ウィザードブックシリーズ④
バフェットからの手紙
世界一の会社が見たこれから伸びる会社、滅びる会社

ローレンス・A・カニンガム著
定価1,680円

ウィザードブックシリーズ⑤
カプランのオプション売買戦略
優位性を味方につけ市場に勝つ方法

デビッド・L・カプラン著
定価8,190円

ウィザードブックシリーズ⑥
ヒットエンドラン株式売買法
超入門　初心者にもわかるネット・トレーディングの投資術

ジェフ・クーパー著
定価18,690円

ウィザードブックシリーズ⑦
ピット・ブル
チャンピオン・トレーダーに上り詰めたギャンブラーが語る実録「カジノ・ウォール街」

マーティン・"バジー"・シュワルツ著
定価1,890円

ウィザードブックシリーズ⑧
トレーディングシステム徹底比較　第2版

ラーズ・ケストナー著
定価20,790円

ウィザードブックシリーズ⑨
投資苑
心理・戦略・資金管理

アレキサンダー・エルダー著
定価6,090円

ウィザードブックシリーズ⑩
賢明なる投資家
割安株の見つけ方とバリュー投資を成功させる方法

ベンジャミン・グレアム著
定価3,990円

発行●パンローリング株式会社

トレーディング・投資業界に一大旋風を巻き起こしたウィザードブックシリーズ!!

ウィザードブックシリーズ⑪
売買システム入門
相場金融工学の考え方→作り方→評価法

トゥーシャー・シャンデ著
定価8,190円

ウィザードブックシリーズ⑫
オニールの成長株発掘法
良い時も悪い時も儲かる銘柄選択をするために

ウィリアム・J・オニール著
定価2,940円

ウィザードブックシリーズ⑬
新マーケットの魔術師
米トップトレーダーが語る成功の秘密

ジャック・D・シュワッガー著
定価2,940円

ウィザードブックシリーズ⑭
マーケットの魔術師【株式編】
米トップ株式トレーダーが語る儲ける秘訣

ジャック・D・シュワッガー著
定価2,940円

ウィザードブックシリーズ⑮
魔術師たちのトレーディングモデル
テクニカル分析の新境地

リック・ベンシニョール編
定価6,090円

ウィザードブックシリーズ⑯
カウンターゲーム
幸福感の絶頂で売り、恐怖感の真っただ中で買う「逆張り投資法」

アンソニー・M・ガレア&ウィリアム・パタロンⅢ世著
定価2,940円

ウィザードブックシリーズ⑰
トレードとセックスと死
相場とギャンブルで勝つ法

ジュエル・E・アンダーソン著
定価2,940円

ウィザードブックシリーズ⑱
マーケットの魔術師
米トップトレーダーが語る成功の秘訣

ジャック・D・シュワッガー著
定価2,940円

ウィザードブックシリーズ⑲
グリーンブラット投資法
M&A、企業分割、倒産、リストラは宝の山

ジョエル・グリーンブラット著
定価2,940円

ウィザードブックシリーズ⑳
オズの実践トレード日誌
全米ナンバー1デイトレーダーの記録公開

トニー・オズ著
定価6,090円

発行●パンローリング株式会社

トレーディング・投資業界に一大旋風を巻き起こしたウィザードブックシリーズ!!

ウィザードブックシリーズ㉑
投資参謀マンガー
世界一の投資家バフェットを陰で支えた男

ジャネット・ロウ著
定価2,940円

ウィザードブックシリーズ㉒
賢人たちの投資モデル
ウォール街の伝説から学べ

ニッキー・ロス著
定価3,990円

ウィザードブックシリーズ㉓
ツバイク　ウォール街を行く
株式相場必勝の方程式

マーティン・ツバイク著
定価3,990円

ウィザードブックシリーズ㉔
賢明なる投資家【財務諸表編】
企業財務が分かれば、バリュー株を発見できる

ベンジャミン・グレアム&
スペンサー・B・メレディス著
定価3,990円

ウィザードブックシリーズ㉕
アームズ投資法
賢明なる投資は出来高を知ることから始まる

リチャード・W・アームズ著
定価7,140円

ウィザードブックシリーズ㉖
ウォール街で勝つ法則
株式投資で最高の収益を上げるために

ジェームズ・P・オショーネシー著
定価6,090円

ウィザードブックシリーズ㉗
ロケット工学投資法
サイエンスがマーケットを打ち破る

ジョン・F・エーラース著
定価7,140円

ウィザードブックシリーズ㉘
インベストメント・スーパースター
ヘッジファンドの素顔とその驚異の投資法

ルイ・ペルス著
定価2,940円

ウィザードブックシリーズ㉙
ボリンジャーバンド入門
相対性原理が解き明かすマーケットの仕組み

ジョン・ボリンジャー著
定価6,090円

ウィザードブックシリーズ㉚
魔術師たちの心理学
トレードで生計を立てる秘訣と心構え

バン・K・タープ著
定価2,940円

発行●パンローリング株式会社

トレーディング・投資業界に一大旋風を巻き起こしたウィザードブックシリーズ!!

ウィザードブックシリーズ㉛
マーケットニュートラル投資の世界
ヘッジファンドの投資戦略
ジョセフ・G・ニコラス著
定価6,090円

ウィザードブックシリーズ㉜
ゾーン
相場心理学入門
マーク・ダグラス著
定価2,940円

ウィザードブックシリーズ㉝
トビアスが教える投資ガイドブック
賢いお金の使い方、貯め方、殖やし方
アンドリュー・トビアス著
定価2,940円

ウィザードブックシリーズ㉞
リスクバジェッティング
実務家が語る年金新時代のリスク管理
レスリー・ラール編
定価10,290円

ウィザードブックシリーズ㉟
NO BULL（ノーブル）
天才ヘッジファンドマネジャー　マイケル・スタインハルトの自叙伝
マイケル・スタインハルト著
定価2,940円

ウィザードブックシリーズ㊱
ワイルダーのテクニカル分析入門
オシレーターの売買シグナルによるトレード実践法
J・ウエルズ・ワイルダー・ジュニア著
定価10,290円

ウィザードブックシリーズ㊲
ゲイリー・スミスの短期売買入門
ホームトレーダーとして成功する秘訣
ゲイリー・スミス著
定価2,940円

ウィザードブックシリーズ㊳
マベリック投資法
巨万の富を築くための10原則
ダッグ・ファビアン著
定価2,940円

ウィザードブックシリーズ㊴
ロスフックトレーディング
最強の「押し／戻り」売買法
ジョー・ロス著
定価6,090円

ウィザードブックシリーズ㊵
ウエンスタインのテクニカル分析入門
ブルでもベアでも儲けるプロの秘密
スタン・ウエンスタイン著
定価2,940円

発行●パンローリング株式会社

トレーディング・投資業界に一大旋風を巻き起こしたウィザードブックシリーズ!!

ウィザードブックシリーズ㊶
デマークのチャート分析テクニック
マーケットの転換点を的確につかむ方法

トーマス・R・デマーク著
定価6,090円

ウィザードブックシリーズ㊷
トレーディングシステム入門
仕掛ける前が勝負の分かれ目

トーマス・ストリズマン著
定価6,090円

ウィザードブックシリーズ㊸
バイアウト
経営陣による企業買収ガイドブック

リック・リッカートセン＆ロバート・ガンサー著
定価6,090円

ウィザードブックシリーズ㊹
証券分析【1934年版】

ベンジャミン・グレアム＆デビッド・L・ドッド著
定価10,290円

ウィザードブックシリーズ㊺
スマートマネー流株式選択術
銘柄スクリーニングバイブル 《英和・証券用語集付》

ネリー・S・ファン＆ピーター・フィンチ著
定価2,940円

ウィザードブックシリーズ㊻
間違いだらけの投資法選び
賢明なあなたでも陥る52の落とし穴

ラリー・E・スウェドロー著
定価2,940円

ウィザードブックシリーズ㊼
くそったれマーケットをやっつけろ！
ホームトレーダーにもできる短期トレード術

マイケル・パーネス著
定価2,520円

ウィザードブックシリーズ㊽
リスク・バジェッティングのためのVaR
理論と実践の橋渡し

ニール・D・ピアソン著
定価5,040円

ウィザードブックシリーズ㊾
私は株で200万ドル儲けた

ニコラス・ダーバス著
定価2,310円

ウィザードブックシリーズ㊿
投資苑がわかる203問

アレキサンダー・エルダー著
定価2,940円

発行●パンローリング株式会社

トレーディング・投資業界に一大旋風を巻き起こしたウィザードブックシリーズ!!

ウィザードブックシリーズ㉕
バーンスタインのデイトレード入門
ジェイク・バーンスタイン著
定価8,190円

ウィザードブックシリーズ㉖
バーンスタインのデイトレード実践
ジェイク・バーンスタイン著
定価8,190円

ウィザードブックシリーズ㉗
ターナーの短期売買入門
3日から3週間で最大の利益を手にする法
トニ・ターナー著
定価2,940円

ウィザードブックシリーズ㉘
究極のトレーディングガイド
全米一の投資システム分析家が明かす「儲かるシステム」
ジョン・R・ヒル&ジョージ・プルート&ランディ・ヒル著
定価5,040円

ウィザードブックシリーズ㉙
コーポレート・リストラクチャリングによる企業価値の創出
倒産と再建、バイアウト、企業分割のケーススタディ
スチュアート・C・ギルソン著
定価8,190円

ウィザードブックシリーズ㉚
投資苑2
トレーディングルームにようこそ
アレキサンダー・エルダー著
定価6,090円

ウィザードブックシリーズ㉛
投資苑2 Q&A
アレキサンダー・エルダー著
定価2,940円

ウィザードブックシリーズ㉜
デービス王朝
ウォール街を生き抜く影の投資家一族
ジョン・ロスチャイルド著
定価2,940円

ウィザードブックシリーズ㉝
プロの銘柄選択法を盗め!
上がるバリュー株、儲かるグロース株
ハリー・ドマッシュ著
定価3,675円

ウィザードブックシリーズ㉞
ワイルダーのアダムセオリー
未来の値動きがわかる究極の再帰理論
J・ウエルズ・ワイルダー・ジュニア著
定価8,190円

発行●パンローリング株式会社

ウィザードブックシリーズ㉑
トゥモローズゴールド
世界的大変革期のゴールドラッシュを求めて
著者●マーク・ファーバー／監修●足立眞一／訳者●井田京子
A5判ソフトカバー・304ページ／定価　2,940円

世紀の買い場が到来した！
トゥモローズゴールド（明日の金脈）はどこだ！

原書名：Tomorrow's Gold

ISBN4-7759-7022-4 C2033

ウィザードブックシリーズ㉒
最高経営責任者バフェット
あなたも「世界最高のボス」になれる
著者●ロバート・P・マイルズ／訳者●木村規子
四六判ソフトカバー・576ページ／定価　2,940円

格付けトリプルA、時価総額世界第21位
バークシャー・ハサウェイ社経営陣の素顔とバフェットの「無干渉経営方式」に迫る！

原書名：THE WARREN BUFFETT CEO : Secrets from the Berkshire Hathaway Managers

ISBN4-7759-7024-0 C2033

ウィザードブックシリーズ㉓
マーケットのテクニカル秘録
独自システム構築のために
著者●チャールズ・ルボー＆デビッド・ルーカス／監修●長尾慎太郎／訳者●杉本裕之
A5判上製本・384ページ／定価　6,090円

中級者を新たなステージへ導く「伝説の書籍」が登場！
コンピュータートレーディングの決定版！

原書名：Technical Traders Guide to Computer Analysis of the Futures Market

ISBN4-7759-7025-9 C2033

ウィザードブックシリーズ㉔
アナリストデータの裏を読め！
インターネットで有望株が見つかる
著者●ミッチ・ザックス／訳者●関本博英
A5判ソフトカバー・344ページ／定価　3,675円

"信用できないアナリストのデータ"から儲ける秘訣！
初心者も今日からできる「プロの土俵でプロに勝つコツ」を伝授！

原書名：Ahead of the Market : The Zacks Method for Spotting Stocks Early--In Any Economy

ISBN4-7759-7026-7 C2033

発行●パンローリング株式会社

ウィザードブックシリーズ㉞
ラリー・ウィリアムズの株式必勝法
正しい時期に正しい株を買う
著者●ラリー・ウィリアムズ／監修●長尾慎太郎
訳者●増沢和美、吉田真一、山中和彦
A5判上製本・288ページ／定価8,190円

あのラリー・ウィリアムズが初めて株投資の奥義を披露！
テクニカルでは儲からない株の極意を伝授！

原書名:The Right Stock at the Right Time : Prospering in the Coming Good Years
ISBN4-7759-7028-3 C2033

ウィザードブックシリーズ㉟
シュワッガーのテクニカル分析
初心者にも分かる実践チャート入門
著者●ジャック・D・シュワッガー／訳者●森谷博之
A5判上製本・288ページ／定価3,045円

トレーダーの立場からトレーダーによって書かれた
最良の実践テクニカル分析入門書！

原書名:Getting Started in Technical Analysis
ISBN4-7759-7027-5 C0033

ウィザードブックシリーズ㊱
ストックマーケットテクニック 基礎編
著者●リチャード・W・ワイコフ／訳者●鈴木敏昭
A5判ソフトカバー・224ページ／定価2,310円

初めて株投資をする人へ相場の賢人からの贈り物！
投資に必要なすべての箴言が詰まっている古典！

原書名:STOCK MARKET TECHNIQUE Number One
ISBN4-7759-7029-1 C2033

ウィザードブックシリーズ㊲
最強のポイント・アンド・フィギュア分析
市場価格の予測追跡に不可欠な手法
著者●トーマス・J・ドーシー／監訳●世良敬明／訳者●井田京子
A5判上製本・352ページ／定価6,090円

「どの」銘柄を、「いつ」買えばよいかを需給から読み解く
インターネット時代の最新「ポイント・アンド・フィギュア分析法」

原書名:Point and Figure Charting 2nd Edition
ISBN4-7759-7030-5 C2033

発行●パンローリング株式会社

ウィザードコミックス新登場!

「聞いたことはあるけど、よくわからない」
「なんだか難しそう」

そんな投資に関するお悩み解決します!
マンガではじめるウィザードへの第一歩!!

ウィザードコミックス①
マンガ ウォーレン・バフェット

世界一おもしろい投資家の 世界一もうかる成功のルール
著者●森生文乃
A5判ソフトカバー・178ページ／定価1,680円

世界一の株式投資家、ウォーレン・バフェット。
その成功の秘密とは?

ISBN4-7759-3005-2 C2033

ウィザードコミックス②
マンガ サヤ取り 入門の入門

スプレッド、アービトラージ、ストラドル…すべての基本がココにある!
監修●羽根英樹／作画●高橋達央
A5判ソフトカバー CD-ROMつき・160ページ／定価1,890円

小さいリスクで確実なリターンが望める「サヤ取り」。
付録のCD-ROMですぐ始められる実践的入門書!

ISBN4-7759-3006-0 C2033

ウィザードコミックス③
マンガ オプション売買入門の入門

原作・監修●増田丞美／作画●小川集
A5判ソフトカバー・180ページ／定価2,940円

マンガを読むだけでここまでわかる!
基本用語から実践法まで網羅した入門書の決定版!

ISBN4-7759-3007-9 C2033

● 他の追随を許さないパンローリング主催の相場セミナーDVDとビデオ ●

ファンダメンタルズ分析入門セミナー　　山本潤　39,900円

ファンダメンタルズ分析はだれにでもできる明快な論理で、安すぎる銘柄を買い、高すぎる銘柄を売り、高すぎるか安すぎるかは企業の財務や収益から判断する——こういう考えである。本セミナーでは教科書的な説明を避け、講師の実践での失敗例を交え、基本の大切さを説く！

短期売買の魅力とトレード戦略　　柳谷雅之　3,990円

短期売買の正しい理解とメリットから、上げ相場でも下げ相場でも通用する売買手法、具体的なリスク管理法まで解説。短期売買とは／投資と投機／勝ち組みになるための考え方／基礎知識銘柄選択／注文執行法／基礎売買技術／トレード戦略／マネーマネジメント！

売買システム構築入門　　野村光紀　3,990円

エクセルを触ったことのある方ならだれでも、少し手を加えるだけで売買システムを作れる。エクセル入門書には相場への応用例がないとお嘆きの方に最適なDVDとビデオ。エクセル入門／チャートギャラリーの紹介／自分専用の売買システムを作る／毎日の仕事の自動化！

ゲイリー・スミスの戦略　　長尾慎太郎　3,990円

伝説的なデイトレーダーとして、またホームトレーダーとして、また『ゲイリー・スミスの短期売買入門』の著者として、個人投資家の教祖的な存在であるゲイリー・スミス——彼がなぜ驚異的な利益を上げ続けられたのか、その独自の手法のエッセンスを分かりやすく解説！

システムトレード入門セミナー初歩編（CD-ROM付き）　長尾慎太郎　29,400円

このセミナーでは初心者向けに、Pan Active Market DataBaseやMicrosoft Excelの機能を有効に利用する方法や、システムトレードの概略と自力で環境を構築するために平易に解説。広く浅い説明にもかかわらず、システムトレードに必要なすべてを項目を凝縮した1本！

実践トレードセミナー　為替の戦略　　成田博之／長尾慎太郎　7,140円

第1部では実践に役立つトレーディングルールは他人から学ぶよりもロジックを学び、各自のスタイルに合ったルールを作り上げることの重要さを具体例を挙げて解説。第2部ではトム・デマークのテクニックを中心に流動性が高いマーケットである外国為替市場を解説！

新時代のトレンド・フォロー戦略　　長尾慎太郎　52,500円

ルールがシンプル、短期間に理解し実行できる、初心者でも実践を通して売買技法の基礎を習得できるなど、難しい理論や数式を覚える必要がない売買手法である米トップトレーダー集団「タートルズ」の手法とリチャード・アームズのEMVを中心に解説した画期的な1本！

第2回　絶対の短期売買実践セミナー　　柳谷雅之　52,500円

ラリー・ウィリアムズ、リンダ・ラシュキらのマーケットの魔術師たちの戦略を実践で通用する売買技術として自分のものとするためには何をし、どう考えればいいのかを、講師の経験や膨大な量のデータ分析をもとに解説。短期トレードで利益を上げる基本が満載！

サヤ取りセミナー［戦略編］　　羽根英樹　21,000円

商品のサヤ取りの基本が分かっている方を対象に、講師の豊富な体験から編み出された数々の戦略を紹介し、著書には書かなかった戦略（つなぎ、乗り換え、セットの仕掛け）にも言及。本来、講師が「企業秘密」として門外不出としていたものを、あえて公開！

エネルギー（ガソリン・灯油・原油）先物売買実践セミナー　　渡邉勝方　23,100円

「個々の商品キャラクターに応じた手法が用いられるべきである」という思想から、対象マーケットをファンダメンタルズ、テクニカルの両面から観察し、有効と思われる手法——サヤ取りを含めた10の戦略、マネーマネジメントなども含む——をこれでもかと紹介！

発行●パンローリング株式会社

●海外ウィザードが講演したセミナー・ビデオ＆DVD（日本語字幕付き）●

『オズの短期売買入門』(67分)　　トニー・オズ　8,190円

トレードの成功は、どこで仕掛け、どこで仕切るかがすべて。短期トレードの魔術師オズが、自らの売買を例に仕掛けと仕切りを解説。その他、どこで買い増し、売り増すのか、短期トレーダーを悩ますすべての問題に答える洞察の深いトレードアドバイス満載。

『ターナーの短期売買入門』(80分)　　トニ・ターナー　9,240円

株式投資の常識（＝買い先行）を覆し、下落相場でも稼ぐことができる「空売り」と、トレーディングで最大の決断である仕切りのタイミングを具体的な事例を示しながら奥義を解説。市場とトレーダーの心理を理解しつつ、トニ・ターナーのテクニックがここにある。

『魔術師たちの心理学セミナー』(67分)　　バン・K・タープ　8,190円

優秀なトレーダーとして最も大切な要素は責任能力。この責任感を認識してこそ、上のステージに進むことができる。貪欲・恐怖・高揚など、トレーディングというプロセスで発生するすべての感情を、100％コントロールする具体的な方法をタープ教授が解き明かす。

『魔術師たちのコーチングセミナー』(88分)　　アリ・キエフ　8,190円

優秀なトレーダーとは、困惑、ストレス、不安、不確実性、間違いなど、普通は避けて通りたい感情を直視できる人たちである。問題を直視する姿勢をアリ・キエフ教授が伝授し、それによって相場に集中することを可能にし、素直に相場を「聞き取る」ことができるようになる。

『マーケットの魔術師 マーク・クック』(96分)　　マーク・クック　6,090円

マーケットの魔術師で、一流のオプションデイトレーダーであるクックが、勝つためのトレーディング・プラン、相場の選び方、リスクのとり方、収益目標の立て方、自分をコントロールする方法など、13のステップであなたのためのトレードプランを完成してくれる。

『シュワッガーが語るマーケットの魔術師』(63分)　　ジャック・D・シュワッガー　5,040円

トップトレーダーたちはなぜ短期間で何百万ドルも稼ぐことができるのか。彼らはどんな信念を持ち、どんなスタイルでトレードを行っているのか。ベストセラー『マーケットの魔術師』3部作の著者ジャック・シュワッガーが、彼らの成功の秘訣と驚くべきストーリーを公開。

『ジョン・マーフィーの儲かるチャート分析』(121分)　　ジョン・J・マーフィー　8,190円

トレンドライン、ギャップ、移動平均……を、あなたは使いこなせていますか？ テクニカル分析の大家がトレンドのつかみ方、相場の反転の見分け方など主体に、簡単で使いやすいテクニカル分析の手法を解説。テクニカルの組み合わせで相場の読みをより確実なものにする！

『ジョン・ヒルのトレーディングシステム検証のススメ』(95分)　　ジョン・ヒル　8,190円

トレーダーはコンピューターに何を求め、どんなシステムを選択すべきなの？『究極のトレーディングガイド』の著者ジョン・ヒルが、確実な利益が期待できるトレーディングシステムの活用・構築方法について語る。さらにトレンドやパターンの分析についても解説。

『クーパーの短期売買入門～ヒットエンドラン短期売買法～』(90分)　　ジェフ・クーパー　8,190円

短期売買の名著『ヒットエンドラン株式売買法』の著者ジェフ・クーパーが自らが発見した爆発的な価格動向を導く仕掛けを次から次へと紹介。「価格」という相場の主を真摯に見つめた実践者のためのセミナー。成功に裏打ちされたオリジナルパターンが満載！

『エリオット波動～勝つための仕掛けと手仕舞い～』(119分)　　ロバート・プレクター　8,190円

「5波で上昇、3波で下落」「フィボナッチ係数」から成り立つエリオット波動の伝道師プレクターによる「エリオット波動による投資術（絶対勝てる市場参入・退出のタイミング戦略）」。波動理論を使った市場の変化の時とそれを支えるテクニカル指標の見方を公開。

発行●パンローリング株式会社

パンローリング相場読本シリーズ1
中源線建玉法 副読本2000

著者●パンローリング
定価 2,100円（CD-ROM付）

不変の投資法を使いこなせ。プロの投資法を解説！
中源線ソフトの試用版CD-ROM付

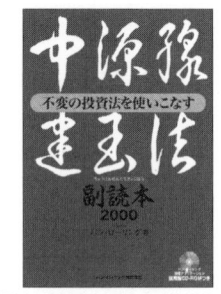

ISBN4-939103-01-3 C2033

パンローリング相場読本シリーズ2
SP波動法 株式攻略読本

著者●滝沢隆安
定価 2,100円（CD-ROM付）

驚異的な勝率のパソコン投資術をあなたのモノに！
SP波動法ソフトの試用版CD-ROM付

ISBN4-939103-02-1 C2033

パンローリング相場読本シリーズ3
金野式商品先物入門

著者●金野秀樹　監修●蔓部音士
定価 2,100円（CD-ROM付）

これからの人も、もっと上達したい人もナットクの入門書!!
投資ソフトの試用版CD-ROM付

ISBN4-939103-00-5 C2033

パンローリング相場読本シリーズ4
お宝投資ソフト読本

編著●お宝投資ソフト収集会　定価3,990円（CD-ROM付）

投資関連のフリーソフト＆シェアウェアを数多く集め、
一冊にまとめた、とてもおトクで便利な本！
40以上のソフトが詰ったCD-ROM付

ISBN4-939103-05-6 C2033

お求めはトレーダーズショップへ　www.tradersshop.com　　　　発行●パンローリング

パンローリング相場読本シリーズ5
究極の低位株投資術 FAI投資法

著者●林 知之
定価 2,100円（CD-ROM付）

2倍になる銘柄を発掘できる安全で確実で有利な投資法。
投資ソフトの試用版CD-ROM付

ISBN4-939103-16-1 C2033

パンローリング相場読本シリーズ6
マーケットサバイバル

投資家が生き残るために
著者●久保田博幸　　定価1,890円

現役のディーラーがあますことなく教える
相場の生き残りのノウハウ。

幸田真音の話題の小説『日本国債』で登場人物のモデルにもなった、元債券ディーラーが書いた本。

ISBN4-939103-17-X C2033

パンローリング相場読本シリーズ7
オプション売買入門

著者●増田丞美
定価 5,040円／A5判上製本・238ページ

オプションならではの優位性を使って利益をあげる。
本邦初といえる、実戦的なオプション売買マニュアル。

ISBN4-939103-19-6 C2033

パンローリング相場読本シリーズ8
株はチャートでわかる！

著者●阿部達郎・野村光紀・柳谷雅之・蔓部音士
定価 2,940円（CD-ROM付）／A5判・336ページ

チャートの読み方、儲けるノウハウ、売買システムの
つくり方がわかる！
投資ソフトの試用版CD-ROM付

ISBN4-939103-26-9 C0033

お求めはトレーダーズショップへ　www.tradersshop.com　　　　　発行●パンローリング

パンローリング相場読本シリーズ9
サヤ取り入門 低リスクでミドルリターンを狙う手法

著者●羽根英樹　監修●蔓部音士
定価 3,360円（CD-ROM付）／A5判・221ページ

いままでベールに包まれていた
「サヤ取り」の秘密がついに明かされた！
サヤ取りソフトの試用版 CD-ROM 付

ISBN4-939103-30-7 C0033

パンローリング相場読本シリーズ10
生き残りのディーリング 決定版

著者●矢口 新
定価 2,940円／四六判上製本・363ページ

あの名著が決定版になって復活！
リスクとは避けるものではない。うまく管理するものである。

ISBN4-939103-32-3 C0033

パンローリング相場読本シリーズ11
オプション売買の実践

著者●増田丞美
定価 5,040円／A5判上製本・353ページ

本書は、決して机上の理論ではない！
著者が実際に行い、成果をあげたプロの手法である。

ISBN4-939103-39-0 C2033

パンローリング相場読本シリーズ12
これなら勝てる 究極の低位株投資術

著者●林 知之
定価 2,940円／A5判・226ページ

マーケットに隠れたほんとうのお宝を見つける！
"うまい話"をふところに入れるためのFAIの実践ノウハウ。

ISBN4-939103-47-1 C0033

お求めはトレーダーズショップへ　www.tradersshop.com　　　　発行●パンローリング

パンローリング相場読本シリーズ13
個人投資家のための原油取引入門

100問100答でわかるしくみと分析ノウハウ
著者●渡邉勝方
定価 2,940円／A5判・288ページ

本書がいちばん早く、いちばんよくわかる！
これが、モンスター商品原油取引の必読書だ！

ISBN4-939103-48-X C2033

パンローリング相場読本シリーズ14
値上がる株に投資しろ！

値動きのしくみを知れば株は儲かる
著者●矢口 新
定価 2,940円／A5判・242ページ

良い株が儲かるのではない。儲かる株が良い株だ！
プロの投資家から圧倒的な評価を得る、矢口新の最新刊！

ISBN4-939103-56-0 C0033

パンローリング相場読本シリーズ15
個人投資家のためのガソリン・灯油取引入門

100問100答でわかるしくみと分析ノウハウ
著者●渡邉勝方
定価 2,940円／A5判・322ページ

商品マーケットでいちばん人気が高い
ガソリン・灯油の解説書がついに登場！

ISBN4-939103-61-7 C2033

パンローリング相場読本シリーズ16
デイトレード大学

トレーディングで生活する！基礎からプロのテクニック
著者●岡本治郎
定価 2,940円／A5判・203ページ

投資会社のつくり方と節税対策から
プロの日経225トレードテクニックまで、すべてを公開！

ISBN4-939103-62-5 C0033

お求めはトレーダーズショップへ　www.tradersshop.com　　　発行●パンローリング

パンローリング相場読本シリーズ17
信用取引入門
基礎知識から投資戦略まで
著者●楠雄治＋福永博之＋倉林るみ子
定価 2,940円／A5判・305ページ

上げ相場でも下げ相場でも相場環境に左右されないで
いつでも儲けるために信用取引を覚えよう！！

ISBN4-939103-71-4 C0033

パンローリング相場読本シリーズ18
マーケットプロファイル
市場心理を読んで相場に勝つ方法
著者●柏木淳二
定価 2,940円／A5判・245ページ

デイトレードにローソク足は役に立たない！
マーケットの力関係がわかる画期的なテクニカル分析

ISBN4-7759-9000-4 C0033

パンローリング相場読本シリーズ19
個人投資家のための貴金属取引入門
70問70答でわかるしくみと分析ノウハウ
編著●渡邉勝方　監修●加藤洋治
定価 2,940円／A5判・257ページ

「有事の金買い」は本当？ 金・銀・白金取引のノウハウ
を公開！ 人気の商品取引入門シリーズ第3弾登場

ISBN4-7759-9001-2 C2033

パンローリング相場読本シリーズ20
だれも書かなかった一般債取引入門
キャリア15年の現役トレーダーが一般債のすべてを教える
著●安田秩敏
定価 2,940円／A5判・294ページ

とても多く取引されながら、以外に知られていない
一般債の運用を、この世界の現役トレーダーが解説！

ISBN4-7759-9002-0 C0033

お求めはトレーダーズショップへ　www.tradersshop.com　　発行●パンローリング

大好評

投資家にうれしい機能満載。
チャートギャラリープロです。

チャートギャラリープロは、株式も商品もこれ1本でOKのチャートソフト。最長で25年分の日足データを持ち、毎日のデータ更新料も無料です。多くの指標を自由に選んで1枚のウィンドウに重ねて表示でき、パラメータも簡単に変更可能なので、自分だけのチャートを毎日簡単に見ることができます。さらに、相場のプロが使うさまざまな環境をあなたに提供します。◎サヤブロック、サヤグラフなど、商品市場のサヤ取りに必要な場帳を表示。◎プロが使う玉帳を、あなたのパソコンに再現。自分の建玉を記録し、毎日の損益を表示。◎現物株、商品先物に加えて、大証日経225先物の全限月について四本値と出来高を毎日取得、表示可能。過去データは、1988年の上場以来すべてそろっています。◎Microsoft Visual Basicなどで指標を計算するActiveX DLLを作ることで、自分で作ったオリジナル指標を、チャートギャラリーで表示ができます。

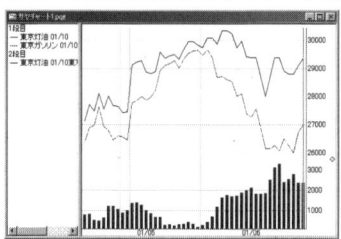

Chart Gallery Pro

チャートギャラリープロ
定価60,900円

お問合わせ・お申込みは

Pan Rolling

パンローリング株式会社
〒160-0023　東京都新宿区西新宿7-21-3-1001　TEL.03-5386-7391　FAX.03-5386-7393
http://www.panrolling.com/　E-Mail info@panrolling.com

24時間オープンの投資専門店です。
がんばる投資家の強い味方。

パンローリングの通販サイト「トレーダーズショップ」は、個人投資家のためのお役立ちサイト。書籍やビデオ、道具、セミナーなど、投資に役立つものがなんでも揃うコンビニエンスストアです。街の本屋さんにない商品がいっぱい。さあ、成功のためにがんばる投資家は、いますぐアクセスしよう。

いますぐトレーダーズショップにアクセスしてみよう！

1 インターネットに接続して http://www.tradersshop.com/ にアクセスします。インターネットだから、24時間どこからでもOKです。

2 トップページが表示されます。画面の左側に便利な検索機能があります。タイトルはもちろん、キーワードや商品番号など、探している商品の手がかりがあれば、簡単に見つけることができます。

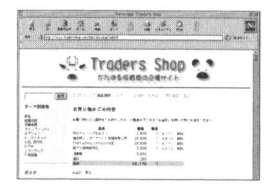

3 ほしい商品が見つかったら、**お買い物かご**に入れます。お買い物かごにほしい品物をすべて入れ終わったら、一覧表の下にある**お会計**を押します。

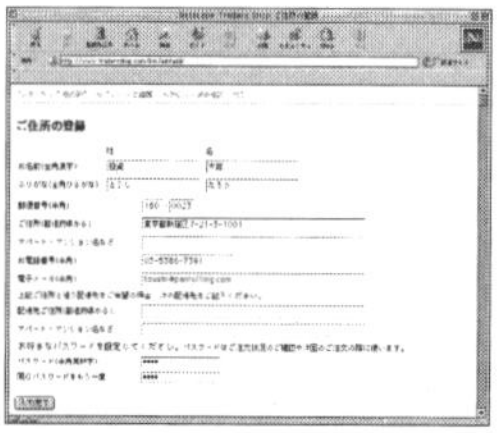

4 はじめてのお客さまは、配達先等を入力します。お支払方法を入力して内容を確認後、**ご注文を送信**を押して完了（次回以降の注文はもっとカンタン。最短2クリックで注文が完了します）。送料はご注文1回につき、何点でも全国一律250円です（1回の注文が2,800円以上なら無料！）。また、代引手数料も無料となっています。

5 あとは宅配便にて、あなたのお手元に商品が届きます。
そのほかにもトレーダーズショップには、投資業界の有名人による「私のオススメの一冊」コーナーや読者による書評など、投資に役立つ情報が満載です。さらに、投資に役立つ楽しいメールマガジンも無料で登録できます。ごゆっくりお楽しみください。

http://www.tradersshop.com/

投資に役立つ楽しいメールマガジンも無料で登録できます。
http:// www.tradersshop.com/back/mailmag

お問合わせは
Pan Rolling パンローリング株式会社
〒160-0023 東京都新宿区西新宿7-21-3-1001 TEL.03-5386-7391 FAX.03-5386-7393
http://www.panrolling.com/ E-Mail info@panrolling.com